MÚSICA   CULTURA POP   **ESTILO DE VIDA**   COMIDA
CRIATIVIDADE & IMPACTO SOCIAL

© 2018 Thiago Queiroz

Uma mensagem assustadora dos nossos advogados para você:
Nenhuma parte desta publicação pode ser reproduzida, armazenada ou transmitida, sem a permissão do editor.

Se você fez alguma dessas coisas terríveis e pensou "tudo bem, não vai acontecer nada", nossos advogados entrarão em contato para informá-lo sobre o próximo passo. Temos certeza de que você não vai querer saber qual é.

Este livro é o resultado de um trabalho feito com muito amor, diversão e gente finíce pelas seguintes pessoas:

Gustavo Guertler (edição), Fernanda Fedrizzi (coordenação editorial), Germano Weirich (revisão), Celso Orlandin Jr. (projeto gráfico) e Giovanna Cianelli (capa e artes internas)

Obrigado, amigos.

2023
Todos os direitos desta edição reservados à
Editora Belas Letras Ltda.
Rua Visconde de Mauá, 473/301 – Bairro São Pelegrino
CEP 95010-070 – Caxias do Sul – RS
www.belasletras.com.br

Dados Internacionais de Catalogação na Fonte (CIP)
Biblioteca Pública Municipal Dr. Demetrio Niederauer
Caxias do Sul, RS

Q3a	Queiroz, Thiago
	Abrace seu filho / Thiago Queiroz. _Caxias do Sul, Belas Letras, 2018.
	152 p.
	ISBN: 978-85-8174-434-6
	1. Relacionamento pais e filhos. 2. Paternidade. I. Título.
18/25	CDU 159.922

Catalogação elaborada por
Maria Nair Sodré Monteiro da Cruz CRB-10/904

ABRACE SEU FILHO

THIAGO QUEIROZ

PAIZINHO, VÍRGULA!

7ª reimpressão/2023

SUMÁRIO

6 Prólogo
10 Eu, pai

Parte 1
16 Os filhos nascem, os pais se transformam
23 Criação com afeto
28 Pedir desculpas
36 As cobranças da sociedade
42 Fazendo as pazes com o passado

Parte 2
49 Seu filho só precisa de uma coisa: você
53 Abraço que cura
58 Ouvir o choro de verdade
63 A hora do sono
74 Sling, um pano para toda obra
81 Cuidados (com os filhos e com a casa)
85 Diálogo como forma de educação
90 Falar sobre sentimentos

Parte 3
96 Transformando raiva em amor
100 Punir
105 Castigar
112 Recompensar
117 Rotular
121 Dar palmadas
126 Mudar

Parte 4
130 A vida real
134 O grito
139 Os medos do futuro
144 Olhando para nós mesmos
148 Epílogo

PRÓLOGO

Eu me tornei pai sem ter um pai. Bem, na verdade, eu tinha um pai, mas ele estava por aí, e eu ainda alimentava aquele medo inconsciente de que ele não poderia saber onde eu morava ou quem eu era. Demorei a admitir, mas eu tinha muito esse medo, mesmo que sem saber o porquê.

Eu nunca mais vi meu pai desde os 16 anos. Ele era taxista na época, e era um sufoco pagar a diária do táxi para ainda trazer algum dinheiro para casa. Até que um dia aconteceu algo que mudou minha vida, e aquilo que eu seria no futuro.

Meu pai saiu para trabalhar num sábado de manhã e, logo em seguida, minha mãe veio falar comigo, meio ansiosa e com um tom de urgência em sua voz:

– Vamos, o caminhão de mudança está lá fora. Vamos pegar tudo e ir embora.

Meus pais não tinham um relacionamento tão bacana assim e eu realmente não lembro dos detalhes do que acontecia entre eles. Eu ainda tenho muitos lapsos de memória dessa época, e sei hoje que isso foi uma maneira de lidar com toda essa situação traumática. A nossa mente tem mecanismos fantásticos para nos proteger, não é mesmo?

Mas o fato é que, naquele sábado, saímos da nossa casa para nunca mais voltar, em fuga de algo que eu não conseguia entender muito bem o que era. Para mim, toda aquela situação de conflitos e discussões fazia com que o clima da casa fosse muito sufocante, então fugir me dava a esperança de que, talvez, eu pudesse respirar novamente.

A partir daquele dia, nunca mais tive contato com o meu pai e, até certa extensão, vivia com medo de que ele pudesse me encontrar. A esperança de que eu poderia respirar aliviado novamente morreu em poucos dias, porque eu vivia sob um medo constante de que meu pai pudesse descobrir onde eu morava ou que me encontrasse na rua. O mais curioso é que esse medo era algo muito abstrato. Medo de quê? O que o meu pai poderia fazer comigo? Ele nunca fez nada de mal para mim, tipo mal de verdade. As memórias se misturam ao longo desses anos, e fica difícil para mim entender e separar aquilo que era memória construída a partir de uma vivência minha, ou algo que me contaram.

Muitos anos se passaram, eu encontrei a Anne, minha esposa, e ela sempre insistia em perguntar o que tinha acontecido, mas eu nunca soube dizer com precisão. Os lapsos continuavam existindo na minha memória e eu simplesmente não conseguia traçar uma linha coerente para essa história.

Apesar de ela insistir bastante para que eu conseguisse entender o que estava acontecendo, eu nunca fui atrás disso. Eu dizia que não era importante para mim, que não era necessário e que, se havia passado tantos anos sem ver o meu pai, não seria naquele momento que eu precisaria daquilo.

Mais alguns anos se passaram e o nosso primeiro filho nasceu. O Dante veio e trouxe consigo muitas transformações. Este livro, inclusive, nasce a partir das transformações que o Dante me convidou a vivenciar.

Por causa disso, aos poucos, eu comecei a pensar que eu deveria mesmo conhecer mais da minha história. Mas como? Falar sobre isso com a minha mãe era absolutamente proibido e eu simplesmente não sabia onde o meu pai estava.

Precisei construir a minha paternidade sem ter uma referência tão forte na minha vida. O que eu tinha era simplesmente uma lembrança de um pai que gostava de brincar, mas que não estava tão disponível afetivamente assim para mim. Um pai que era meio grosseirão, lá, do jeito dele, de uma forma que eu penso que é a maioria dos pais dessa geração.

E as coisas foram assim, eu continuei a minha vida e a minha paternidade, vivendo com essa ausência e lembrança que se misturavam em momentos doces e amargos, como tudo na vida.

Até que a Anne engravidou do Gael, meu segundo filho, e a chegada de um irmão para o Dante aumentou exponencialmente a minha necessidade de olhar para o meu passado, como uma forma de tentar entender como eu poderia ser pai de dois meninos. Assim como o meu pai foi.

De certa forma, o que me ajudava muito – e continua ajudando – é escrever para o meu blog. Eu sou engenheiro, e criei um blog para falar sobre criação com afeto, o *Paizinho, Vírgula!* Claro, eu nunca escancarei tanto a minha história e intimidade no blog como estou fazendo nesse exato momento, escrevendo este livro – e isso dá um medo danado, você não faz ideia!

Certo dia, num desses textos que eu escrevi relatando o que eu estava vivendo durante a gestação do Gael, sobre os meus medos e pensamentos de como seria criar dois filhos, eu recebi um comentário que jamais imaginei receber.

Era do meu pai.

"Será que chegou a hora de nos reencontrarmos, filho?"

EU, PAI

Antes de ser pai, eu imaginava conquistar muitas coisas: uma casa, um carro e viajar bastante com minha esposa, a Anne. A gente queria ter um filho, e na verdade estávamos tentando, só que todo mundo dizia que engravidar levaria um bom tempo. Nós nunca imaginamos que ela engravidaria tão rápido.

Era uma segunda-feira, e eu estava trabalhando. Normalmente, eu e Anne nos falamos bastante ao longo do dia, mas, nesse dia específico, ela evitava falar comigo de uma maneira muito esquisita. Quando eu perguntava como estavam as coisas, ela se esquivava e desconversava, ou simplesmente não respondia.

Comecei a ficar um pouco preocupado e resolvi ligar. Ela gaguejou, dizendo que estava tudo bem, perguntando se eu não poderia sair cedo do trabalho e ir direto para casa.

– Mas é algo grave? Algum problema?
– Err, não, tá tudo bem. Só venha para casa.

Eu, que já conhecia a peça, cheguei até a pensar:

"Ih, gente, será que ela está grávida? Não... não pode ser!"

Ao chegar em casa, recebi o "presente": um teste de farmácia, um sapatinho de crochê e um livro sobre gestação.

Choramos, e bastante.

Aquilo era a representação de um marco lindo em nossas vidas, um ponto de transformação. E, claro, também era a evidência de que nossas vidas nunca mais seriam as mesmas!

Só que, ao mesmo tempo em que a euforia veio, chegou o pânico. E chegou forte. Eu seria pai muito em breve e isso é tão, tão... adulto! Eu não estava psicologicamente preparado. Acho que nunca ninguém está. Aquela sensação de "agora é pra valer" tomou conta do meu corpo todo e eu comecei a olhar de novo para os presentes que a Anne tinha me dado.

A começar pelo teste de gravidez, que poderia ser mais fácil de entender. Entendi que era um resultado positivo, por causa de todo o contexto, mas se me entregassem só o teste, eu jamais saberia se um ou dois tracinhos significavam que eu seria pai. Se fosse uma questão no vestibular, teria chutado e certamente teria errado.

Os sapatinhos eram lindos: tão fofinhos e pequenos que ficava difícil imaginar que, um dia, existiriam pezinhos tão pequenos e capazes de caber ali dentro. Era o elemento mais próximo que eu tinha para tornar um pouquinho concreta a existência tão abstrata de um bebê dentro da barriga da Anne.

O livro, bem, esse já era mais uma dessas megaenciclopédias ilustradas sobre a gravidez, com fotos, figuras e dados superficiais sobre o dia a dia de uma gestação. Hoje eu sei que esses livros têm muita informação que não é relevante – ou sequer verdadeira – mas, naquela época, foi um bom primeiro contato, porque me ajudava a ter uma ideia melhor sobre algo que era tão desconhecido para mim. Era divertido pegar o livro aleatoriamente e ver o que, supostamente, estaria acontecendo no corpo da Anne naquele dia específico.

Mesmo assim, eu ainda sentia falta de entender mais sobre paternidade, ainda mais no meu caso, em que passei mais da metade da minha vida sem ter contato com o meu pai e, portanto, sem referências.

Pensando nisso, a Anne me deu mais dois livros, ambos sobre paternidade. Eu estava muito curioso para ler esses livros e saber o que aqueles pais teriam a me dizer. Queria ter um vislumbre do que estaria por vir, mas nenhum desses livros me ajudou muito.

Aqueles livros abordavam a paternidade com um tom de humor, mostrando como ser pai é engraçado, como pai faz tudo errado, mostrando aquela imagem de que o pai, quando for arrumar seu filho, vai colocar a fralda na cabeça do bebê.

Eu ainda não sabia por que aquilo me incomodava, mas me sentia frustrado por não conseguir ler nada sobre o que os pais sentem durante a gestação de suas parceiras. Não consegui ler em lugar nenhum sobre toda a confusão e todas as dúvidas na minha cabeça – e coração.

Por outro lado, os livros que não são escritos especificamente sobre paternidade são apenas para mães. Você pode pegar qualquer livro sobre filhos e, na maioria deles, os autores chamam o leitor de "mãe". Não que seja ruim, mas mesmo depois que eu me tornei pai, raramente sentia identificação com os livros que eu lia.

É exatamente por isso que eu escrevo este livro. Para mostrar a minha vivência como pai, criando os meus filhos com afeto, mas sem fazer necessariamente disso um livro de piadas. Aqui, você encontrará muitas histórias minhas, da Anne e de outros pais e mães que me contaram suas vivências ao longo dos encontros que faço no meu grupo de apoio e nos meus workshops pelo Brasil. São histórias reais que mostram como podemos repensar a forma que enxergamos a criação dos nossos filhos.

E também para fazer com que mães e pais sintam-se identificados com o livro. Afinal de contas, pais e mães podem ter muitas diferenças, mas têm algo muito poderoso em comum: seus filhos.

PARTE 1

OS FILHOS NASCEM, OS PAIS SE TRANSFORMAM

Antes, mas bem antes de tudo começar e a Anne engravidar, eu era uma pessoa completamente diferente. Não é exagero: eu era tão diferente que provavelmente o Thiago de hoje não se interessaria em ser amigo do Thiago de alguns anos atrás.

Naquela época, eu sequer imaginava que existisse a palavra "empatia". Eu nunca tinha ouvido essa palavra antes na minha vida inteira, até eu ter o meu primeiro filho. Eu também era focado demais na carreira e no trabalho, muito preocupado em como os meus chefes e outras pessoas olhavam para mim.

Eu sou engenheiro e, apesar de escrever e fazer muitas coisas relacionadas a filhos, continuo sendo engenheiro. Antes de me tornar pai, eu tinha um pensamento bem cartesiano e não falava de sentimentos.

Eu também não era das pessoas mais pacientes da vida. Pelo contrário, eu era muito impaciente. Tentar imaginar como deveria ser uma determinada situação para a outra pessoa era algo que eu dificilmente fazia, e basicamente focava no que era importante e eu achava certo para mim. Eu tinha a minha opinião como a correta, ou seja, todos os outros estavam errados. Era uma espécie de cegueira social.

Naquela época, eu também era muito machista – e racista, e homofóbico, e muitos outros "istas" – porque era a maneira que me apresentaram desde que eu era criança. Eu realmente acreditava que homens eram mais fortes e inteligentes, e pensava que os papéis a mim apresentados eram os únicos corretos, como o homem provedor que trabalhava fora, enquanto a mulher ficava em casa cuidando dos filhos.

Difícil lidar com esse Thiago, né? Eu já senti muita raiva de quem eu fui no passado, mas, por outro lado, eu vivo um processo interno para entender que, apesar de tudo, o que eu sou hoje é função também do que eu já fui. Eu preciso fazer as pazes com aquele Thiago do passado, aceitando-o, porque a jornada de mudança é muito mais importante do que uma foto tirada de você em um determinado momento da sua vida.

Para mim, essa transformação veio quando comecei a me relacionar com a Anne e, principalmente, quando me tornei pai. Foi através da paternidade que eu comecei a revisitar a minha relação com os meus pais, tentando entender como as coisas eram no passado – e como ainda são.

Essa relação nunca foi tão fácil assim, era algo bem fundado ao redor de um respeito incondicional, como se eles sempre estivessem certos. Eu não me lembro de ter encontrado muitas aberturas para falar dos meus sentimentos. Havia diálogo para falar de escola, de notas, ou para falar de amigos que implicavam comigo, mas as orientações eram sempre em função de como eu deveria revidar, e não sobre como eu me sentia. Ou sobre como eu tinha que ser forte, porque supostamente "meninos devem ser fortes".

A relação com a minha mãe era bem marcada por um binômio de culpa e gratidão. Ela sempre fez questão de me mostrar que havia largado tudo pelos filhos dela, que nós éramos a vida dela, e que tudo em sua vida parou por causa dos filhos. Hoje, consigo ser empático sobre como deve ser pesado para uma mãe abrir mão da sua vida por causa dos seus filhos, mas, durante boa parte do tempo, meus sentimentos flutuavam entre ser eternamente grato ou sentir culpa por, eventualmente, ser considerado um ingrato e um peso na vida da minha mãe.

Já a minha relação com o meu pai sempre foi distante e sem muitas demonstrações de afeto. A figura de autoridade e respeito era a mais marcante para mim, apesar de eu possuir memórias afetivas muito preciosas, como jogar videogame com ele. Ainda assim, boa parte das referências que eu tenho por demonstrações de amor envolviam implicar, competir, disputar e todas as coisas que "amigos machos" fazem entre si.

Todas essas referências me davam uma ideia do tipo de pai que eu imaginava que seria e, ainda na primeira gestação da Anne, eu tinha a mais firme convicção de que meus filhos deveriam me respeitar acima de tudo, como uma autoridade que só fala uma vez, nem que para isso eu precisasse recorrer a todas as ferramentas que eu já conhecia por experiência própria, como castigos, punições, ameaças e recompensas. Eu acreditava que medo e respeito andavam juntos, porque nunca os vi andando separados até aquele momento.

Essas crenças me levaram a ter grandes discussões com a Anne, já durante a gestação, principalmente no que dizia respeito ao parto dela. Para início de conversa, ela sempre desejou ter um parto normal e, pode acreditar, eu realmente concordava com ela.

O problema começou a surgir quando pulávamos de um médico para outro, varrendo o catálogo do plano de saúde, e todos sempre diziam que, na verdade, a decisão sobre o parto seria do próprio médico. Todos os médicos, na hora de falar sobre o parto em si, desconversavam e diziam que falariam sobre isso mais para frente, quando a gestação estivesse mais adiantada. Eles tinham um discurso em comum, dizendo que "até dá para fazer o parto normal, mas tem que ver como vai ser isso".

Eu, que sempre acreditei cegamente em médicos – afinal, eles estudam anos e mais anos para dizer o que dizem, não? – comecei a ter discussões com a Anne, que se recusava a acreditar. Chegávamos em casa, e ela corria direto para o Google, para pesquisar e descobrir que, muito provavelmente, aqueles médicos iriam "empurrá-la" para uma cesariana, mesmo sem indicações reais e contra a vontade dela.

Para mim, aquilo não fazia sentido algum, e eu me sentia muito irritado. Afinal, você encontra o que você quiser no Google, é só buscar por qualquer coisa que você encontra um resultado. Não podemos confiar em tudo o que lemos na internet, eu dizia. Ela insistia que estava sendo enganada e que, muito provavelmente, seria conduzida a uma cesariana contra a sua vontade se trilhássemos esse caminho.

Aos poucos, comecei a entender o que ela dizia, e comecei a ler os textos que ela me enviava para ler no trabalho, que antes eu me recusava a ler. Comecei a estudar e perceber a dimensão do problema e, como nada é tão simples assim, quando eu finalmente entendi a necessidade da Anne de garantir seu parto normal hospitalar e me coloquei ao lado dela para dar total apoio à sua decisão, ela me deu a notícia:

"Agora eu quero ter um parto em casa...".

Eu achei que ia enlouquecer. Sério. Como assim? Parto em casa? Isso é perigosíssimo! É coisa de maluco! Por que não em um hospital, com segurança? Isso não faz o menor sentido! Eu já disse que isso é coisa de maluco?

E lá se foram mais algumas rodadas de discussões, leituras, aprendizados e grupos de apoio para eu desfazer todos os meus preconceitos que, na verdade, eram apenas um reflexo do meu desconhecimento. Estudando e ouvindo a Anne, consegui entender que um parto domiciliar planejado é tão seguro quanto um parto normal hospitalar. Só então fui capaz de apoiar a Anne na vontade e desejo dela.

Eu nunca imaginei que um filho meu nasceria em casa, mas conhecendo relatos de outras mães e pais que tiveram seus filhos desta maneira, passei a mudar a forma com que enxergava isso. Passei a desejar isso com a Anne, para a Anne e para o meu primeiro filho, o Dante. Eu queria muito que eles tivessem a experiência mais respeitosa e amorosa possível.

Vivenciar essa gestação já foi uma transformação imensa na minha vida, enquanto pessoa, mas eu ainda pensava que filho meu teria que me respeitar através de castigos, punições, ameaças e recompensas. Pensava também que ele até poderia dormir alguns poucos meses na nossa cama, mas que logo, logo, iria para o berço dele a qualquer custo. Eu pensava tanta coisa sobre ter filhos, coisas que eu achava que sabia sobre ter filhos.

Até ter o meu filho.

Dante nasceu em casa, em um parto lindo e emocionante. Eu nunca me senti tão conectado à Anne e ainda tive a sorte de estar no momento certo e na hora certa para pegar o meu próprio filho, assim que ele nasceu, em uma piscina inflável montada no meio do nosso quarto.

Nesse momento, minha ficha caiu. Sou pai. De verdade. E eu quero fazer diferente com ele, diferente de tudo o que eu já tinha pensado até o momento.

Mas como?

PS: a propósito, Gael, meu segundo filho, também nasceu em casa. Na verdade, depois que o primeiro filho nasce em casa, todo mundo enxerga você como o maluco do parto domiciliar e imagina que todos os seus filhos vão nascer em casa, ou em uma cachoeira.

CRIAÇÃO COM AFETO

Normalmente, quando temos filhos, a sensação mais evidente é a de estar perdido, e eu estava completamente perdido. Para mim, essa sensação era muito intensa porque, no momento em que eu toquei no meu filho pela primeira vez, eu percebi que eu desejava fazer tudo diferente com ele.

Todas aquelas certezas que eu tinha ficaram para trás, e isso significa que a maioria dos modelos e pensamentos automáticos que eu usaria com o meu filho, baseados nas minhas experiências de infância, ou no que é popularmente recomendado em livros e por pessoas, seria diferente. Em resumo, eu teria que pensar em tudo de novo.

É como se você estivesse aprendendo uma nova língua, porque você tem que pensar em tudo, até que esse movimento se torne mais fluido. Mais tarde, eu descobri que essa era a língua do afeto.

Tudo o que eu mais queria era desenvolver uma relação bacana e afetiva com os meus filhos e, quando me dei conta disso, comecei a procurar todo o tipo de informação que estivesse ao meu alcance. Foi nessa busca que eu encontrei a Teoria do Apego, uma linha da psicologia proposta pelos psicólogos John Bowlby e Mary Ainsworth que demonstrava justamente as formas como nós estabelecemos vínculos uns com os outros.

Durante os primeiros anos de vida de um bebê, os vínculos criados entre pais e filhos viram um modelo padrão para o bebê, e ele tende a replicar essa forma de se relacionar com outras pessoas até a vida adulta. Claro, isso não é algo imutável, e mesmo que você não tenha estabelecido um vínculo de apego seguro com os seus pais, você ainda pode mudar isso ao longo da vida, principalmente se tiver alguma ajuda profissional.

As educadoras Barbara Nicholson e Lysa Parker dizem em seu livro *Attached at the Heart* que para nós, humanos, esse vínculo é construído ao longo de um período muito maior do que se compararmos com outros mamíferos. Para os nossos bebês, esse período dura normalmente entre os 3 e 5 anos de vida, e isso porque, quando nascem, apenas 25% do cérebro está formado. Em outras palavras, os bebês humanos ainda precisam se desenvolver muito – em comparação a outras espécies – mesmo estando fora do útero da mãe.

Quanto mais eu estudava sobre tudo isso, mais fazia sentido para mim a criação de um vínculo de apego seguro com os meus filhos como a maneira "academicamente bonita" de dizer o que eu passei a desejar no momento em que eu segurei o Dante no colo pela primeira vez.

Assim, voltamos à pergunta do capítulo anterior: mas como? Como criar esses vínculos, como criar nossos filhos com afeto?

Este livro tem este objetivo mesmo: mostrar como eu tenho feito para criar os meus filhos com essa relação de segurança e afeto. O que eu posso adiantar é que eu tenho dois elementos principais que me guiam bastante no dia a dia:

- atender às necessidades dos meus filhos

- ouvir os meus instintos

Quando atendemos às necessidades dos nossos filhos, estamos ajudando-os a formar uma relação de confiança. Quando o bebê nasce, o mundo é simplesmente muito grande e assustador para ele, que estava acostumado a ficar naquele lugar protegido, quentinho, apertadinho e aconchegante, também conhecido como útero da mãe. Então, por exemplo, sempre que o bebê chora e nós atendemos às necessidades dele, sejam elas fome, sono, ou qualquer outra coisa, ajudamos esses pequenos bebês a construir imagens mentais e ligações para cada tipo de necessidade e choro que eles tenham com uma resposta nossa.

Quanto mais nós respondemos de forma consistente às necessidades deles, mais eles se sentem seguros no mundo e, consequentemente, mais confiam em nós. Com o tempo, os nossos filhos começam a entender muito bem quem pode atender demandas específicas e de que forma elas serão atendidas.

O que acontece frequentemente é a situação em que filhos buscam suas mães quando precisam de um conforto ou acolhimento, e buscam o pai só para a brincadeira e a bagunça. Que tipo de pai eu quero ser? Eu gostaria que os meus filhos me procurassem para quê? Eu quero ser o pai da bagunça, mas eu também quero ser o pai que acolhe o choro de um machucado.

E o instinto? Isso é algo que me ajuda todos os dias, sempre que alguém vem até mim para dar algum tipo de palpite – normalmente não solicitado – sobre como eu devo criar os meus filhos. É ao meu instinto que eu também recorro sempre que eu vejo uma nova técnica milagrosa criada por algum especialista, garantindo que isso resolverá todos os problemas que eu tenho com os meus filhos em, sei lá, 28 dias.

Vivemos num mundo em que as pessoas dizem que eu não posso dar muito colo para os meus filhos, que não posso dar amor demais, que não posso dormir na mesma cama que eles, e mais um monte de outras coisas que eu não posso fazer. Para tudo isso, eu sempre recorro aos meus instintos, para tentar avaliar se aquilo faz algum sentido para mim.

Normalmente não faz, e eu sigo o meu caminho criando os meus filhos com afeto.

PEDIR DESCULPAS

Na volta para casa do meu trabalho, no metrô apertado do Rio de Janeiro, eu vi um pai com dois filhos gêmeos. Eles estavam sentados, com o uniforme da escola, dividindo o mesmo assento, e o pai estava em pé.

Você já deve imaginar o que aconteceu, né? Os irmãos se empurravam, provocavam um ao outro, até que um deles foi longe demais e o outro começou a chorar. Muito bravo, o pai disse:

– Peça desculpas para o seu irmão agora!
– Não, ele que começou...
– Você vai pedir desculpas agora!
– Mas, pai...
– Ou você pede desculpas agora, ou vai ficar de castigo em casa!
– Desculpa.

É importante deixar bem claro que nenhuma das histórias que eu conto aqui tem o objetivo de julgar outros pais e mães. Eu mesmo não conheço a realidade dessas famílias, não imagino o que eles estavam passando nesses momentos e, mesmo que soubesse, não teria o direito de julgar. Na verdade, a única coisa que eu consigo imaginar é a pressão que você sente quando os seus filhos não se comportam como a sociedade espera, e todos os olhares se voltam para você, aguardando que você tome alguma atitude para repreender os seus filhos, na falsa pretensão de ensinar algo sobre bom comportamento para eles.

Do mesmo jeito que eu percebi que o mundo impõe muitas coisas sobre a forma como eu deveria criar os meus filhos, não demorei muito para notar que esse mesmo mundo também tem inúmeras expectativas para os meus filhos. É como se existisse um protocolo social inteiro só para bebês e crianças.

Muitas pessoas imaginam que os nossos filhos deveriam fazer determinadas coisas, como pedir desculpas. Por incrível que pareça, eu nunca pensei que, um dia, refletiria sobre a obrigação de pedir desculpas, mas ter filhos é assim: de repente, você se pega fazendo algo que jamais imaginaria fazer antes.

Pedir desculpas era algo inquestionável quando eu era criança. Todas as vezes em que eu fazia algo de errado, eu precisava pedir desculpas, mesmo que eu nem soubesse qual, de fato, tinha sido o erro cometido. Quando eu tinha 6 anos, eu e meus pais fomos à casa de um conhecido da família. Antes de entrar na casa, foi-me oferecido um acordo, desses que você não tem muita opção para argumentar.

– Thiago, vamos entrar na casa do fulano e você não pode falar um palavrão sequer. Ok?

Meus pais sempre gostaram de se expressar usando muitos palavrões, então era de se esperar que eu fosse usar palavrões também, mesmo que eu não conhecesse os reais significados deles, tampouco os contextos em que eles seriam, digamos, empregáveis. De qualquer forma, durante toda aquela visita, fui um "lorde inglês" e não falei nenhum palavrão. Eu estava orgulhoso de mim mesmo e imaginando que meus pais estariam extremamente orgulhosos, porém, assim que eu coloquei os pés no corredor do lado de fora da casa, comemorei com os meus pais, sem perceber que os anfitriões ainda estavam à porta, vendo – e ouvindo – tudo.

– Porra, mãe, tá vendo? Não falei nenhum palavrão!

Eu ainda não entendo o porquê, já que cumpri com o acordo, mas sei que eu pedi desculpas por ter dito aquilo.

Antes de ser pai, isso era uma questão bem simples: se um filho meu fizesse algo de errado, ele teria obrigação de pedir desculpas, independentemente do que fosse preciso para convencê-lo disso. Hoje, eu percebo que isso está mais para coerção do que para convencimento.

O que me fez abrir mão dessa obrigatoriedade de que meus filhos peçam desculpas foi quando me dei conta da real motivação de um pedido de desculpas. Teoricamente, quando você pede perdão, essa é uma demonstração de que está arrependido por ter feito algo que, talvez, tenha prejudicado ou incomodado alguém. Mas, se você é obrigado a pedir desculpas, você faz isso apenas para se livrar de um problema, cumprindo um protocolo que desconsidera o fato de você estar arrependido de verdade, e esse é o ponto em comum de todas as histórias que contei até agora.

Fica a pergunta, então: por que eu quero que meus filhos peçam desculpas e a que custo?

Para mim, e para a relação de confiança que eu busco construir com os meus filhos, prefiro que eles peçam desculpas genuinamente, quando sentirem um arrependimento real em seus corações, ou seja, quando eles reconhecerem a responsabilidade e os efeitos daquilo que fizeram.

Isso significa que, algumas vezes, eles não pedirão desculpas quando eu indicar a eles que seria necessário? Sim. Significa também que isso me garante muitos olhares fulminantes de raiva de outros pais na pracinha? Com certeza. Mas isso também não significa que eles nunca pedirão desculpas.

Eu acredito muito no poder da empatia e do modelo, algo que eu pratiquei muito pouco ao longo da minha vida. Entender como é se colocar no lugar do outro tem sido uma experiência poderosíssima para mim e, se é bom para mim, certamente será para os meus filhos.

Quando eu era criança, se eu fizesse algo de errado, corria para pedir logo desculpas para escapar de uma punição, como um passe livre para fugir da cadeia. Em momento nenhum eu me preocupava realmente com o que eu havia feito, ou sentia-me arrependido.

Como fazer diferente, então?

Se, durante uma disputa pela posse de um baldinho de areia na pracinha, o meu filho bate em uma criança, meu primeiro passo é garantir que ele veja bem o que aconteceu, ainda mais se a outra criança estiver chorando por causa da agressão. Para mim, é importantíssimo que ele veja o que ocorreu, que ele perceba a dor do outro, e tenha consciência do que ele causou. É preciso desenvolver empatia para calçar os sapatos do outro.

– Poxa, filho, você bateu no menino! Olha como ele está chorando, ele deve estar sentindo muita dor. Nós não batemos! O que você pode fazer para ajudar ele?

Eu poderia dar uma rosnada para o meu filho ou ameaçá-lo para que ele pedisse desculpas? Poderia, mas eu simplesmente não consigo entender o motivo para isso. É uma situação muito curiosa: uma pessoa pede desculpas sem estar arrependida, a outra aceita o pedido, mesmo sabendo que o outro não se arrependeu, e todos fingem que a situação se resolveu. Eu desejo muito que meus filhos pensem diferente disso.

Mas calma, isso não significa que meus filhos são uns ogros mal-educados, que passam por cima de todas as crianças da pracinha e não pedem desculpas, com o aval do pai. Quase sempre, quando eles agridem algum amigo, eles se sensibilizam e tentam se aproximar para pedir desculpas e dar um abraço. Eu disse *quase sempre*, porque há dias em que eles não topam fazer isso, claro.

Às vezes, eles já estão passando por alguma outra crise também, sentindo muita raiva, sono, fome ou frustração. Nesses dias, o pedido de desculpas não vem e, mesmo assim, eu não ameaço os meus filhos. Afinal de contas, qual o propósito de fazer com que eles sofram ainda mais? Se eles estão com problemas grandes o suficiente que os impedem de serem empáticos e autocontrolados, eu concluo que está na hora de ir embora da pracinha.

– Filho, você sabe que a nossa regra é que não batemos! Está muito difícil para você se controlar, então vamos voltar para casa e amanhã tentamos novamente.

Você pode imaginar que eu devo falar tudo isso com um tom sereno, manso e pacífico, mas você está enganado. Eu não sou uma pessoa tão controlada na forma que eu falo e, por mais que eu não saia gritando sempre com os meus filhos, eu tento demonstrar nas minhas palavras o que eu estou sentindo. Se eu estou indignado ou impaciente naquele dia, certamente meu tom de voz será mais enérgico. E isso é positivo, porque ajuda a criança a entender como você está em relação ao que ela fez.

Muitas pessoas acabam se perguntando sobre como os meus filhos aprenderiam a pedir desculpas, já que eu não os obrigo a fazer isso. E a resposta é que obrigar ou ameaçar alguém a fazer algo não é exatamente uma maneira de ensinar. Eu mesmo vivi minha infância seguindo essa dinâmica e posso dizer que não deu tão certo, porque no exato momento em que a obrigação ou ameaça deixam de existir, a motivação para o pedido de desculpas também cessa.

Por isso, aprendi a me apoiar na força que o meu modelo tem. Eles me veem pedindo desculpas sempre que eu faço algo de errado, seja com eles, com a Anne, ou com algum desconhecido.

– Eita, Anne, desculpa, derrubei seu copo de café!
– Ih, filho, desculpa, quebrei sua torre sem querer.

Observando o meu comportamento, eles talvez possam modelar seus próprios comportamentos, só que de uma forma mais respeitosa e genuína.

E mais importante ainda: o arrependimento e o pedido de desculpas vêm quando nós não estamos ávidos para encontrar um culpado, mas quando esperamos o tempo dos nossos filhos.

O Gael, por exemplo, no auge dos seus dois anos, vive muito de acordo com seus impulsos. Ele pode fazer coisas, como bater no irmão mais velho, mesmo sabendo que isso é contra a nossa regra de ouro, que diz que nós não batemos em ninguém. Mesmo que isso seja algo completamente esperado para uma criança de dois anos, não quer dizer que deixaremos o Gael bater no Dante sem nos preocuparmos.

– Gael! Você bateu no seu irmão. Nós podemos bater?
– Não...

— Filho, o que nós podemos fazer?

— Carinho, abraço...

— Pois é, agora o Dante está triste e machucado. Você pode pedir desculpas e cuidar dele?

— Não! *Cuculpa* não!

E lá vai ele, todo emburrado, de braços cruzados, sentar num canto. Ele consegue demonstrar claramente que ainda não está pronto para o arrependimento e para se redimir do que fez. Eu poderia ameaçá-lo a pedir desculpas, mas prefiro esperar o tempo dele.

— Gael melhor! Dante, *cuculpa*...

E pronto, eles não só fizeram as pazes, mas o Gael pediu desculpas com o coração, e não para fugir de um castigo. O Gael, inclusive, já vive isso tão intensamente que, outro dia, na escola, a professora dele nos contou sobre como ele ficou bravo com um amigo e bateu nele. Logo depois do ocorrido, saiu emburrado e sentou no cantinho da sala e só saiu de lá depois que se acalmou. Logo em seguida, voltou para o amigo e pediu desculpas.

Essa situação foi bem curiosa, porque os meus filhos estudam em uma escola que não utiliza nem castigo, nem punição para educar as crianças. Por isso, quando a professora do Gael nos contou essa passagem, disse que estava apavorada de alguém ver o Gael sentado em um canto.

— Como assim, mas por quê?

— Porque alguém poderia achar que eu coloquei ele de castigo!

As cobranças da Sociedade

AS PRACINHAS SÃO OS LABORATÓRIOS MAIS RICOS DE POSSIBILIDADES E EXPERIÊNCIAS COM CRIANÇAS E SEUS PAIS. É O LUGAR ONDE PESSOAS COM IDEAIS COMPLETAMENTE DIFERENTES ESTÃO JUNTAS, POR CAUSA DE SEUS FILHOS E, FREQUENTEMENTE, ISSO GERA CONFLITOS E SITUAÇÕES BASTANTE CONSTRANGEDORAS.

Uma delas aconteceu quando eu levei o Dante para a pracinha. Estava bem cheia, provavelmente porque era sábado de manhã. Tinha tudo para ser uma manhã linda, até o Dante decidir que queria muito brincar com o dinossauro de um menino.

O menino não queria emprestar seu dinossauro para uma criança desconhecida e, até aí, nada de mais. Afinal, a criança tem todo o direito de não emprestar seus brinquedos, mas isso nunca é tão simples, pois, enquanto eu tentava conversar com o Dante, explicando a situação, o pai do outro menino interveio.

— Dante, eu sei que você queria aquele dinossauro. Mas olha, o menino não quer emprestar! Acho que é porque a vez dele com o brinquedo ainda não acabou. Quando a vez acabar, ele vai emprestar para você, com certeza!

— Ahhhh, não, nada disso! Ele vai emprestar, sim! Se não emprestar, vai ficar de castigo!

– Não, que é isso, não precisa!

– Que absurdo, menino egoísta! Vai emprestar para aprender a dividir, toma aqui!

– Não, não, não esquenta a cabeç...

E pronto, lá estava o pai puxando o dinossauro da mão do filho, para emprestá-lo ao Dante, independentemente de quantas vezes eu tenha falado "não, não, não precisa" durante o processo.

Isso resultou em uma situação muito constrangedora: o meu filho estava confuso com um brinquedo na mão, o menino chorando porque não só perdeu seu brinquedo, como também ouviu toda a sorte de ameaças e xingamentos. E eu? Bem, eu só queria encontrar um buraco na areia da pracinha para enfiar a minha cabeça e nunca mais tirá-la de lá.

Será que esse menino aprendeu alguma lição valiosa sobre a importância de ser generoso e compartilhar seus brinquedos? Acho pouco provável, e diria que essa não é a maneira mais eficaz de ensinar o valor de compartilhar.

Essa fixação imensa dos adultos sobre o dever que as crianças supostamente têm de compartilhar suas coisas, mais especificamente brinquedos, é uma das expectativas mais doidas que eu já vi.

Quando eu era criança, esse era um dos terrores mais gigantescos da minha pequena vida. Sempre que eu me encontrava com os meus amigos, eu precisava emprestar tudo o que eu tinha, mesmo que eu tivesse acabado de ganhar aquele brinquedo, ou mesmo que eu estivesse brincando com ele naquele exato momento.

A sensação que eu tinha era de que eu vivia constantemente em uma situação perde-perde, porque eu sempre precisava emprestar tudo que era meu e nunca ninguém me emprestava nada.

O resultado: até hoje, eu tenho dificuldade de dizer "não" quando alguém me pede algo emprestado. Eu já perdi a conta de quantas coisas eu já emprestei e nunca mais recebi de volta, quando eu simplesmente poderia ter falado "desculpa, mas esse livro é importante demais para mim para eu emprestar".

Mas eu me tornei pai! E uma das coisas que eu mudei na minha forma de enxergar – principalmente porque eu queria fazer uma criação mais focada na relação com os meus filhos do que na ameaça e imposição à força – foi entender que compartilhar é uma habilidade desejável, e deveria mesmo ser algo que todos nós deveríamos ensinar aos nossos filhos. Porém, existe uma grande diferença entre ensiná-los sobre a importância de dividir as coisas e simplesmente forçá-los a emprestar.

"Forçar" supõe que você utilizará a sua autoridade ou, literalmente, força para obter determinado resultado ou comportamento dos seus filhos. Eu já fui "forçado" a fazer muitas coisas na minha vida, sem sequer entender por que eu deveria fazê-las. Eu garanto: não é algo bacana e nem serve para ensinar nada sobre empatia ou afeto. E, no fim do dia, eu não quero que os meus filhos façam algo por medo ou receio.

A saída para mim é tentar me colocar no lugar da criança para entender a maneira como ela enxerga o mundo. Imagine que você tem um brinquedo muito legal e está brincando com ele, mas, em dado momento, um desconhecido se aproxima pedindo o seu brinquedo e, então, você precisa automaticamente passar por cima do seu desejo de brincar por uma causa "mais nobre", que seria satisfazer o desejo do outro. Eu, como adulto, consigo imaginar que sou capaz de fazer isso de vez em quando, mas será que isso não é exigir demais de uma criança de 2 anos?

Por que os nossos filhos têm que emprestar tudo? Por que não podemos respeitar seus desejos de propriedade? Só consigo pensar que uma relação de confiança acontece quando eu respeito e honro a vontade dos meus filhos de não emprestar alguma coisa. Até porque eu não gostaria que alguém me obrigasse a emprestar algo contra a minha vontade, como o meu celular. Eu jamais emprestaria o meu telefone a outra pessoa no ônibus, por exemplo, a não ser que me obrigassem.

Mas e quando o inverso acontece? Da mesma forma que os meus filhos podem pedir um brinquedo emprestado na pracinha e não ter sucesso com isso, o contrário pode acontecer. Nesses momentos, tento respeitar a decisão dos meus filhos e, obviamente, sempre que eu faço isso, encontro-me em outra interação constrangedora com os pais e as mães, que quase sempre me fulminam com seus olhares julgadores. Instantaneamente, passo a ser o agente causador do choro dos filhos deles. Choros que ninguém sabe acolher de verdade, nos dias de hoje. Até porque, se não sabemos acolher o nosso próprio choro, quem dirá acolher os dos nossos filhos.

– Poxa, lamento, viu? Sei que você quer brincar e que você está triste com isso, mas é que ainda não acabou a vez do Dante. Assim que terminar a vez, ele empresta para você!

Acolher é o que eu tento fazer com a criança que pede um brinquedo emprestado aos meus filhos que decidem, naquele momento, não emprestar. Esse acolhimento costuma acalmar o coração dos pequenos, porque é exatamente disso que precisam, não de um brinquedo.

A cartada do "espere terminar a vez dele" também funciona muito comigo, porque dá a expectativa à outra criança de que ela ainda poderá brincar com aquilo, ao mesmo tempo que respeita a posse da criança com o brinquedo. E o mais importante: eu nunca decido quanto tempo dura a vez de alguém. Pode parecer loucura para você, mas a vez de uma criança com um brinquedo só acaba quando ela quiser. E, pelo que eu já pude observar, quando esse acordo informal entre crianças acontece, a disputa pelo brinquedo diminui muito, de ambas as partes.

FAZENDO AS PAZES COM O passado

À MEDIDA QUE EU MERGULHAVA MAIS FUNDO NA PATERNIDADE, FICAVA CADA VEZ MAIS EVIDENTE QUE ERA PRATICAMENTE IMPOSSÍVEL NÃO OLHAR PARA O PASSADO. QUANDO O DANTE NASCEU, E EU DECIDI QUE EU QUERIA QUE A NOSSA RELAÇÃO FOSSE DIFERENTE DAS QUE EU TINHA POR REFERÊNCIA, BEM, ISSO JÁ ERA UM SINAL DE QUE EU AINDA VOLTARIA BASTANTE PARA O MEU PRÓPRIO PASSADO.

Nessa busca de criar meus filhos com afeto e empatia, para criar conexões fortes com eles, tive uma necessidade inesperada, a de olhar para mim mesmo com mais afeto, e também para a minha própria infância e as relações que construí. Nesse processo, vi que criar filhos é um exercício de olhar constantemente para trás, para nós. E, volta e meia, temos a oportunidade de fazer as pazes com o passado.

Quando eu falo que busco uma criação diferente para os meus filhos, isso não quer dizer que essa forma de criar é melhor, ela é apenas diferente. Depois de muito pensar, conseguimos ter mais empatia pelos nossos pais, entendendo que eles fizeram o melhor que eles tinham, com aquilo que podiam oferecer. Exatamente como nós, hoje.

Qualquer pai ou mãe faz o que faz com seus filhos por amor, não por ódio. Mesmo um pai que pune seu filho, o faz porque o ama e imagina que aquela é a melhor maneira para educar seu filho. Ninguém pune o seu filho simplesmente para fazê-lo sofrer.

Todos nós enfrentamos dificuldades com os nossos próprios pais quando decidimos criar os nossos filhos de uma forma diferente da que fomos criados.

Só depois de muita terapia, consegui ter mais empatia com os meus pais, pois consegui ter certeza de que não existe uma criação melhor ou pior.

Só que é muito difícil os avós entenderem isso de verdade. Quando eles veem seus filhos criando filhos de uma maneira diferente, é praticamente impossível que eles não se culpem, ou que eles não julguem o que estamos fazendo como algo errado.

Eu sempre ouvi que eu era péssimo para comer, mas atualmente tenho consciência de que isso não é uma característica inata a uma pessoa. Ninguém nasce sendo péssimo para comer, mas, se você viajar algumas décadas para o passado, vai entender como era amplamente difundido que as crianças estariam bem-alimentadas se elas ingerissem um alimento semelhante a um iogurte com sabor de morango que, como era propagandeado, "valia mais que um bifinho". Nos dias de hoje, temos acesso à informação de que esse alimento era composto basicamente de gordura e açúcar e que *não*, ele não tem valores nutricionais superiores a um bife. Além disso, sabemos que oferecer alimentos assim para uma criança, como substituição a uma refeição, pode ter impactos bem negativos nos hábitos alimentares dessa criança.

Isso pode levar a gente a fazer um julgamento: podemos dizer que nossos pais fizeram tudo errado e que destruíram o nosso paladar. E que, oferecendo outros alimentos mais saudáveis aos nossos filhos, estaríamos, então, fazendo tudo certo. Essa carga forte de julgamento não nos ajuda a construir uma relação pacífica com os pais da gente. E mais: a gente não tolera quando alguém julga nossa capacidade de criar os nossos filhos, por que faria isso com os nossos próprios pais?

Por outro lado, podemos enxergar essas informações e concluir que, sim, nossos pais fizeram o melhor que podiam, com aquilo que tinham para oferecer. E que, ao nos ver oferecendo alimentos mais saudáveis para os nossos filhos, há uma alta probabilidade de que eles se sintam culpados.

— Não, vocês não fizeram tudo errado, era a informação que vocês tinham na época. E eu não estou fazendo melhor ou pior, só diferente. É o meu caminho com os meus filhos.

Um dia, com a família toda reunida, fui questionado sobre por que eu não oferecia refrigerante para os meus filhos.

— Ué, porque refrigerante é horrível, não serve para nada! Vicia e tem alternativas muito melhores, como água.

— Mas que absurdo! Você não dá refrigerante para os seus filhos? Mas você bebe?

— Bebo pouco, e luto muito para parar com esse vício. Mas meus filhos não, eu não quero isso para eles.

— Como assim? Olhe o que você está dizendo! Você sabia que você foi criado com refrigerante? Você só bebia isso quando pequeno! E olha como você está agora!

Como você pode perceber, essa última fala é exatamente o motivo pelo qual eu não ofereço refrigerante aos meus filhos. Só que ela foi usada no sentido de me culpar por eu não ser mais "fiel" ao refrigerante, como se eu tivesse traído o "movimento do refrigerante".

— E eu não estou fazendo melhor ou pior, só diferente. É o meu caminho com os meus filhos.

Voltar ao passado constantemente também me ajuda a entender como eu reajo no dia a dia com os meus filhos com coisas que são teoricamente banais, como a relação com os brinquedos.

Existia algo que me irritava imensamente com os meus filhos, e isso era o que eu julgava ser falta de cuidado com os brinquedos. Sabe quando o seu filho está tão bravo, tão possesso, que pega seu brinquedo e joga-o no chão, sem nenhum tipo de remorso? Pois é, isso acabava comigo. Por que ele não se importava com o brinquedo? Por que ele não cuidava dele? Por que ele não ficava triste quando o brinquedo quebrava ao ser jogado no chão? Tudo isso me deixava muito ansioso e, frequentemente, eu perdia o controle e brigava duramente com eles.

Com o passar dos meses, fui percebendo que aquela era uma questão para mim, e que a resposta também estava no meu passado. Eu sempre fui a criança que não quebrava seus brinquedos, que cuidava muito bem de tudo. Eu era a criança zelosa e era inadmissível que os objetos não fossem cuidados com muito zelo. Essa criança se tornou um adulto que continua muito zeloso com os seus objetos. Porém, quando esse adulto se tornou pai, teve filhos que lhe trouxeram a oportunidade de romper com esses padrões.

Eu passei a pensar em como deve ser libertador você extravasar a sua raiva dessa maneira. Eu, quando criança, não me dava essa liberdade. E, provavelmente, observar essa liberdade nos meus filhos me incomodava mais do que o normal. A partir daí, fui capaz de ajudar meus filhos a ter mais zelo pelos seus brinquedos, mas sem deixar que isso se tornasse mais uma prisão para eles ou para mim.

Desse dia em diante, eu parei de gritar e brigar com eles por causa de brinquedos quebrados, e passei a focar mais no que estava acontecendo.

– Dante, eu sei que você está com raiva, mas você jogou seu brinquedo com tanta raiva que quebrou ele, e agora não conseguiremos consertá-lo. Vamos descobrir uma maneira melhor para você lidar com a raiva?

É impossível olhar para frente sem olhar para trás, de vez em quando.

PARTE 2

SEU FILHO PRECISA DE UMA COISA: VOCÊ

O VÍNCULO É UMA COLA INVISÍVEL QUE UNE TODAS AS PESSOAS QUE POSSUEM ALGUMA RELAÇÃO ENTRE SI, MAS, ANTES DE TER FILHOS, EU SEMPRE ACHEI QUE ISSO ERA ALGO COM O QUE NINGUÉM PRECISAVA SE PREOCUPAR, E QUE PAIS E FILHOS TERIAM VÍNCULOS ENTRE SI PELO SIMPLES FATO DE SEREM PAIS E FILHOS.

Essa foi a segunda vez que eu mordi a minha língua na paternidade.

Eu nunca imaginei que construir um vínculo com um filho fosse difícil. Tudo bem, não é uma tarefa impossível, mas não é tão fácil e natural como parece. Eu tive – e tenho – que construir, dia após dia, essa relação com os meus filhos, e isso não é nada glamouroso. Pode ser prazeroso na maioria das vezes, mas é também muito cansativo e demandante, porque requer que eu esteja presente física e emocionalmente com os meus filhos na maior parte do tempo.

Tudo bem, a ficha de que eu era pai caiu assim que o Dante veio para os meus braços pela primeira vez, mas a relação que eu construo com ele – e com o Gael – não veio assim, em um piscar de olhos. Precisei trabalhar muito para estabelecer esses vínculos, até descobrir que, na verdade, se eu quiser construir um vínculo de apego seguro com eles, tenho mesmo que trabalhar duro como pai.

Um amigo meu, que também é pai, costuma dizer que a paternidade é como a chegada de um elefante: ele nasce devagar, vem lentamente e ocupando os espaços até tomar conta de tudo. Além de devagar, não vem naturalmente, pois é preciso querer, ser, estar e cuidar. E, mesmo assim, uma vez que chega, não está lá perene e eterno, mas precisa ser alimentado e cuidado para sempre.

Com o passar do tempo, fui percebendo que a maior parte do que eu fazia para me vincular aos meus filhos tinha um elemento em comum, a empatia. Sempre que eu conseguia me colocar no lugar dos meus filhos, mesmo quando eram bebês, ficava mais fácil entender do que eles precisavam e que tipo de resposta eu poderia dar para eles. Se o Dante, quando era bebê, chorava muito como forma de pedir o meu colo, por mais que eu pudesse estar cansado de dar colo e desejasse uma folguinha, se eu tentasse enxergar o mundo através dos olhos de um bebê, percebia que aquilo era uma necessidade intensa do meu filho. Então, eu respirava fundo e pegava o Dante no colo.

Mesmo com os meus filhos já um pouco maiores, eu vejo como é importante trabalhar o vínculo e também como é recompensador colher os frutos dessa relação que construímos. Eu ainda não contei para você, mas a Anne é artista plástica e o que ela mais ama fazer é pintar. Desde quando o Dante ainda era um bebê, ela sonhava com os dias em que ela pintaria acompanhada dos filhos, mas isso nunca aconteceu. Era uma grande frustração para ela lidar com o fato de que o Dante não se importava muito com pintura, ou desenho, tanto que a maletinha de pequeno artista que compramos para ele e para o Gael nunca tinha sido mexida.

Acontece também que a Anne passou por um hiato na pintura, por diversos motivos e, apenas recentemente, retomou suas atividades no campo das artes. Nós nunca nos demos conta disso antes, mas esperávamos que os nossos filhos desenvolvessem um gosto pela pintura espontaneamente, apenas porque a gente achava que eles deveriam pintar.

A partir do momento em que a Anne voltou a pintar, e fez isso com os filhos por perto, eles começaram a pedir para pintar junto dela, usando a maletinha do pequeno artista que estava pegando poeira até então. Era o exemplo, o modelo, que faltava.

A Anne e os nossos filhos pintam juntos quase sempre, porque se encontraram em um ponto comum, e isso também fortalece muito o vínculo. É lindo quando eu olho para eles e fico admirando-os lá, juntos, fazendo uma atividade deles, e vendo como todos eles – e eu, por tabela – estão tendo prazer naquela atividade. Se eu olhar com atenção, consigo ver o vínculo entre eles se fortalecendo, e nós aprendemos que relação se constrói juntos, todo dia.

ABRAÇO QUE CURA

O Dante é uma criança que não tem muito medo. Ele sempre se jogou de corpo e alma em tudo o que fazia, desde uma disputa de brinquedos até brincadeiras de correr. Por essa característica, ele sempre se machucou muito, seja por correr, saltar ou se jogar sem medo. Não é à toa que, aos 4 anos, ele já possuía um currículo invejável de machucados, hematomas, dente lascado e braço fraturado. Pois é, ninguém segura esse menino!

Por outro lado, o Gael tem um pouco mais de cuidado, ele não se joga assim, tão facilmente. Com a chegada do irmão mais novo, eu tive certeza de que cada filho é realmente único em suas características e personalidades. Nem melhor, nem pior, mas diferente. Único.

Como o Dante veio primeiro, a maioria das novas situações e desafios com os quais eu me deparo são através dele, ou iniciados por ele. O Gael também trouxe uma série de novos desafios, mas foi a partir do Dante que eu pude vivenciar meus primeiros e mais intensos processos de cura como homem. Eu sei que essa cura vem acontecendo desde o dia em que ele nasceu, mas eu lembro claramente da primeira vez que eu me dei conta disso, quando o Dante, correndo, caiu e se ralou inteiro de uma hora para outra, quando você não tem tempo sequer de esticar as mãos para salvar o seu filho. Joelhos, mãos e bochecha ficaram ralados e muito doloridos, e, como você deve imaginar, ele chorou muito.

– Puxa, filho, você se machucou todo? Tá doendo, né? Vem cá, deixa eu ver. Deixa eu também abraçar você. Olha, filho, pode chorar, tá? Tudo bem você querer chorar aqui no meu abraço.

Em alguns instantes, o Dante parou de chorar, soluçou mais um pouquinho, e então, todo decidido, enxugou as lágrimas do seu rosto, bateu as mãos e joelhos para tirar a sujeira de terra e voltou a correr. Ele estava curado, pronto para outra, e esta seria apenas mais uma história das muitas que vieram depois – e que ainda virão – sobre como eu acolhi o meu filho em suas dores, se não fosse por uma sensação diferente que eu comecei a sentir.

Essa foi a primeira vez que eu percebi que, abraçando o meu filho, eu estava me abraçando também, por todas as vezes que eu precisei de um abraço. Acolhendo o choro do meu filho, eu também estava acolhendo o choro do menino Thiago, que não podia demonstrar dor quando se machucava, não importando o tamanho da dor que eu sentisse. Aquele menino que tinha que ser sempre muito forte, corajoso, e que jamais poderia chorar na frente de ninguém.

Todas as vezes que eu abraço os meus filhos, eu me curo um pouco mais desse passado.

Todas as vezes que eu abraço os meus filhos, eles me abraçam de volta.

O abraço é algo muito poderoso, e não só pelo abraço em si, mas pelo contato que ele promove. Foi com os meus filhos que eu notei a necessidade do toque afetivo e de como ele fortalecia meu vínculo com eles. Tudo isso proporcionou uma das coisas que eu sempre quis enquanto pai: ser também o porto seguro dos meus filhos.

Pode parecer que isso não faz o menor sentido, mas se você olhar ao seu redor – ou até dentro da sua própria casa – conhecerá inúmeros casos de configurações familiares onde o pai é a referência da brincadeira e a mãe é o conforto, mas eu não quero ser apenas a referência para brincadeira e bagunça.

Eu sempre quis que eles também procurassem o meu abraço quando estivessem machucados ou tristes, e que os meus abraços fossem capazes de confortá-los tanto quanto os da mãe deles. Não pense você que isso é uma competição, mas sim uma vontade de viver tudo o que ser pai pode me oferecer e, de quebra, ainda aliviar a carga da Anne de ser sempre o abraço do acolhimento.

A maior dificuldade dessa situação é que eu nunca imaginei que eu, enquanto homem, poderia demonstrar afeto fisicamente para os meus filhos, principalmente sendo filhos meninos. A sociedade em que vivemos pode ser muito cruel mesmo, porque nos faz pensar dessa maneira, e acaba criando essas prisões.

Abraçar não faz parte do código de "macheza", que fere tanto homens e meninos.

Isso também pode explicar como eu nunca fui de gostar de toques, e eu sempre achava que as pessoas tinham problemas quando me abraçavam demais ou eram grudentas. Sabe aquelas pessoas que abraçam você por um tempão? Eu me sentia constrangido com elas, imaginando por quanto tempo mais aquela situação incômoda duraria.

O mais surpreendente disso tudo é que, de tanto abraçar os meus filhos e me curar, eu me tornei uma dessas pessoas que abraçam por mais de 2 segundos...

Abrace o seu filho, é o melhor que você pode fazer hoje. Para ele e para você.

OUVIR CHORO de verdade

EU ME RECORDO DOS MOMENTOS DE MAIOR DESESPERO COM OS MEUS FILHOS, QUANDO ELES AINDA ERAM BEBÊS. ESSES MOMENTOS SEMPRE ACONTECIAM À NOITE OU DE MADRUGADA E, CLARO, ENVOLVIAM CHORO.

Eu me sentia completamente derrotado e incapacitado por segurar os meus bebês no colo e, por mais que eu conversasse com eles, desse colo ou os embalasse, o choro simplesmente não acabava. Esses choros eram sempre muito sofridos e eu nunca consegui descobrir quem sofria mais, se era eu ou eles. Provavelmente eles, imagino.

Esses primeiros meses de vida dos meus filhos me ajudaram a entender duas coisas importantes. A primeira foi a dura constatação de que nem sempre eu conseguirei resolver os problemas dos meus filhos. E, por mais que hoje eu entenda que isso é normal, que somos humanos e que não podemos salvar os nossos filhos de todas as mazelas do mundo, naquela época eu não sabia e isso era aterrorizante.

A segunda coisa que eu descobri foi que o choro é algo importante. Dentre todos os pitacos que eu já ouvi quando me tornei pai, os mais comuns são sobre o choro do bebê. Muitas pessoas dizem que chorar faz bem para o bebê, e eu não consigo entender essa lógica.

– Chorar faz bem!

Eu até concordo com isso, se você não estiver falando de um bebê, ou uma criança, e de como esse choro acontece. Eu sei dos benefícios que chorar tem para mim, por ser adulto. Sei que, muitas vezes, preciso chorar para colocar algum sentimento grande demais para caber dentro de mim, como uma angústia ou uma tristeza muito grande.

Mas e para bebês e crianças? Também faz bem, mas o maior problema é que as pessoas usam isso como um incentivo para negligenciar o choro de um bebê, ou até para provocar ou submetê-lo a sessões controladas de choro.

Chorar faz bem, mas chorar sozinho e desconsolado não faz bem.

Ao contrário do que muitas pessoas dizem, chorar não é algo que faz bem para o pulmão, nem é a tentativa de um bebê para nos manipular. É um pedido de socorro. É uma necessidade.

O cérebro dos bebês é muito imaturo para lidar com processos tão complexos como manipulação e controle. Além disso, seus cérebros não estão preparados para que eles sejam capazes de se acalmar ou dormir sozinhos. Por isso, o choro do bebê é uma das formas mais intensas e primitivas de pedir ajuda.

Então, por que não ajudar?

Se, por acaso, eu encontro a Anne chorando, minha reação instintiva é de ajudá-la, ou pelo menos tentar entender o que está acontecendo. Eu nunca deixaria a minha esposa chorando sozinha, digamos, para que ela aprenda a se controlar. Por que isso deveria ser diferente com os meus filhos?

ABRACE SEU FILHO

Boa parte do vínculo que criamos com os nossos filhos depende da maneira como respondemos às necessidades deles. Em outras palavras, depende de como atendemos ao choro dos nossos filhos. Isso acontece porque eles estão constantemente tentando descobrir como o mundo funciona e como nós funcionamos. Então, se respondemos de uma maneira consistente e acolhedora a um choro, os nossos filhos criam essas imagens mentais de que, se chorarem por medo, serão atendidos com um colo que traz toda a segurança de que eles precisam. E, quanto mais respondemos, mais eles fixam essas imagens mentais, que fazem com que eles se sintam seguros não só no mundo em que vivem, mas também seguros no vínculo que estão construindo conosco.

O choro dos bebês não é algo ruim, mas uma maneira de se comunicar. Isso, é claro, muda com a idade deles, e hoje, com meus filhos maiores, consigo perceber a diferença entre o que é um choro de uma necessidade real e o de uma simples demanda.

Ou seja, às vezes, o Dante ou o Gael vão chorar e precisar do meu acolhimento, porém, há situações em que eles só estão testando um limite, que é algo também perfeitamente normal e não tira a possibilidade de acolhimento.

Quando nós começamos alguns combinados sobre televisão e desenhos com o Gael, ele começou a chorar porque eu desliguei a TV. Foi curioso, porque eu avisei, ao longo do desenho a que ele estava assistindo, que nós fizemos um acordo e que, assim que o desenho terminasse, eu desligaria a televisão. Por mais que ele tivesse concordado todas as vezes que eu lembrei, no momento em que eu desliguei a TV, o Gael começou a chorar. Eu acho, inclusive, que chorar é uma palavra que não faz jus ao tamanho da crise de choro que ele teve.

Por mais que aquele não fosse um choro de cólica, ou de alguma dor física imensa, era um motivo real para ele chorar. Quem deve dar os motivos para chorar é quem está chorando, não quem está de fora. Então, se ele estava tendo uma crise emocional, que muitas pessoas chamariam de birra, é porque ele estava com dificuldades para lidar com um sentimento negativo grande demais, como a frustração por não assistir mais ao desenho na TV.

O Gael já estava sofrendo, então por que eu deveria aumentar seu sofrimento, brigando ou ameaçando para que ele parasse de chorar?

— Filho, eu sei que você está triste. Você queria ver mais desenho, né? Não tem mais desenho, mas estou aqui para cuidar de você.

A sensibilidade na resposta aos nossos filhos é a base de um vínculo de apego seguro, pois é onde os valores de empatia e compaixão são aplicados no dia a dia. Afinal de contas, algumas emoções são muito poderosas para o cérebro de uma criança lidar.

A HORA DO SONO

Durante uma reunião do grupo de apoio para pais e mães que eu conduzo, uma mãe desabafou por causa do sono do seu bebê. Ela dizia que sofreu muito com a orientação da pediatra, que determinou que os pais não deveriam socorrer o bebê na hora de dormir. Ele precisaria chorar sozinho no berço, em seu quarto, para "aprender a dormir".

Quando perguntei como ela se sentiu, ela disse que, enquanto o bebê chorava do lado de dentro, ela chorava do lado de fora. Perguntei o que ela queria fazer nesses momentos, e ela respondeu sem pensar:

– Eu queria entrar naquele quarto, pegar meu filho no colo e ficar com ele no colo até ele dormir.

Por que ela não fez isso? Por que nós não fazemos isso?

A hora do sono é um dos pontos mais sensíveis quando falamos de bebês. No capítulo anterior, já conversamos bastante sobre como o choro é a forma mais poderosa de um bebê comunicar uma necessidade ou algum problema, então por que seria diferente à noite? Os bebês também precisam de colo, contato e segurança quando o sol se põe, então, do ponto de vista deles, não faz o menor sentido que seus choros parem de ser atendidos só porque é noite.

Existem muitos métodos e livros extremamente populares que prometem "ensinar" os nossos filhos a dormir, e isso me causa uma confusão tremenda, simplesmente porque todos os seres humanos nascem sabendo dormir. A nossa espécie não teria sobrevivido ao longo das eras se os nossos filhotes realmente nascessem sem saber como dormir e precisassem aprender com seus pais.

Só depois de muito estudar e pesquisar, eu consegui entender o verdadeiro sentido de "ensinar a dormir". Na realidade, o que está nas entrelinhas desses métodos é que os nossos bebês não sabem dormir de acordo com as conveniências da sociedade, ou seja, eles não têm regra nenhuma para dormir.

Concordo que a minha vida de pai seria muito mais simples se os meus filhos dormissem seguindo uma tabela de regras e horários, como se tivessem pequenos relógios do sono dentro deles, mas isso é irreal, a não ser que você queira "treiná-los" para isso.

Eu sei que existem casos em que os bebês podem demorar muito a dormir, mas também existem justificativas para isso. O ciclo de sono deles é diferente do ciclo de sono de pessoas adultas, pois os ciclos dos bebês são muito mais curtos, então é de se esperar que eles acordem mais. Além disso, eles passam por muitas alterações em seus padrões de sono ao longo dos primeiros meses e anos.

Qualquer coisa pode alterar um padrão, como quando um bebê está em um pico de crescimento, ou quando ele está prestes a aprender e dominar uma habilidade nova (como sentar, rolar, engatinhar e muito mais), ou principalmente se existe algum dente nascendo.

São tantos os motivos que podem alterar o sono de um bebê que é impossível imaginar que eles possam se adequar a uma tabela para controlar melhor quando e como dormem, como se todos os bebês fossem iguais. Seria ainda mais difícil imaginar que deixá-los chorando desconsolados fosse, de fato, ensiná-los a dormir sozinhos.

Por mais que existam muitos pediatras e especialistas que advogam a favor dos métodos de treinamento de sono de bebês, há também outros pediatras e especialistas que se opõem a essa ideia, como James McKenna (que escreveu o livro *Sleeping With Your Baby*), antropólogo, um dos autores que mais se dedica à divulgação e estudos sobre a cama compartilhada. Segundo o livro, um bebê quando chora também produz o hormônio de estresse chamado cortisol, e estudos apontam que a exposição a elevados níveis de cortisol na infância, devido a longas sessões de choro desconsolado, pode provocar mudanças físicas no cérebro do bebê, tornando-o mais vulnerável a problemas com a forma com que eles se vinculam aos pais e a outras pessoas. A energia que esses bebês gastam chorando seria melhor utilizada no seu próprio crescimento.

Os bebês que são deixados chorando para dormir realmente param de chorar, eventualmente. E começam a dormir sem chorar. E não choram mais durante a noite. E, se acordam de noite, voltam a dormir sozinhos. Isso é maravilhoso. Será mesmo? Pode até ser muito bom para pais que sofrem com a privação de sono, que é uma das coisas mais difíceis de se lidar quando se tem filhos. Mas e para os bebês? Por que será que os bebês param de chorar de noite, sob essas circunstâncias?

É porque eles desistem de pedir ajuda à noite.

Margot Sunderland (autora do livro *The Science of Parenting*) é uma psicóloga que também se posiciona a favor da cama compartilhada, e em seu livro ela diz que, mesmo quando desiste de pedir ajuda e dorme sozinho, não podemos concluir que esse bebê está dormindo em um estado de calma. Segundo ela, estudos indicam que os níveis de cortisol continuam altos, mesmo que o bebê não chore, como um modo primitivo de defesa.

Isso acontece porque um bebê não é neurologicamente capaz de se acalmar para dormir sozinho. As educadoras Barbara Nicholson e Lysa Parker (do livro *Attached at the Heart – 8 proven parenting principles for raising connected and compassionate children*), dizem que a parte do cérebro dos nossos filhos que permite iniciar o processo de aprendizado para regular suas próprias emoções e se acalmar não está bem-desenvolvida até que eles tenham entre 2 anos e meio e 3 anos. Ou seja, os nossos bebês e crianças pequenas realmente precisam de nós para ajudá-los a se acalmar e regular as emoções mais intensas.

A maneira como respondemos aos nossos filhos durante a noite também os ajuda a construir a sensação de segurança sobre o mundo e sobre o vínculo que eles têm conosco. Mas o que fazer então? Será que todo mundo deveria acordar de hora em hora para pegar o bebê no berço, dar de mamar, colocar para arrotar, trocar a fralda, botar para dormir e tentar dormir um pouquinho até que o bebê acorde novamente?

Não necessariamente. Nós descobrimos a cama compartilhada!

Na verdade, não foi exatamente assim. Quando a Anne estava grávida do Dante, eu conheci uma palavra aterrorizante: o enxoval. Era uma lista de coisas que você tinha que comprar, por mais que não fizesse ideia do que seriam os itens que compunham aquela lista, e um dos itens obrigatórios no enxoval era o berço.

Compramos um berço ótimo, que poderia ser convertido em minicama, um espetáculo! O berço também combinava com a cômoda e o trocador, tudo pensado nos mínimos detalhes para nos fazer gastar mais dinheiro.

Naquela época, eu acreditava que o Dante dormiria sozinho no quarto dele. E, por mais que eu tivesse a ideia de que estaria tudo bem se o nosso filho dormisse conosco, na nossa cama, por alguns meses, seria apenas isso: alguns meses.

Eu nem sabia que o nome disso era cama compartilhada, e fazíamos isso porque era mais prático, ainda mais para a Anne, que amamentava. Mas depois desses meses iniciais, ele teria que sair da cama dos pais. Filhos não podem dormir com os seus pais, eu pensava. Eu achava um absurdo quando pensava em outras crianças que dormiam na mesma cama que seus pais.

Essa não foi a primeira vez – nem a última – que eu mordi a minha língua, pois foram anos de cama compartilhada. Aquele berço virou um depósito de fraldas e roupas, e todas as vezes que eu passava por ele, eu ouvia o berço me chamando de trouxa.

Foi na cama compartilhada que eu me vi tão feliz e próximo dos meus filhos, e não me arrependo nem um pouco disso. Eu sei que a cama compartilhada não é para todas as famílias, e existem pessoas – e bebês – que dormiriam melhor se estivessem em superfícies separadas. Isso é perfeitamente normal e, do ponto de vista de uma criação com o objetivo de atender às necessidades do bebê, se ele estiver no mesmo quarto dos pais, já facilita bastante a tarefa de atender aos seus choros, por exemplo.

A cama compartilhada não é indicada para todo mundo. É muito importante ressaltar que pais com dificuldades de sono, ou que tomam remédios para dormir, por exemplo, são desencorajados a dormir na mesma cama que os filhos. Isso não significa que os bebês não possam dormir próximos aos pais, por isso que dormir no mesmo cômodo continua sendo muito válido e recomendável.

Na página seguinte, você encontra as principais orientações para uma prática segura da cama compartilhada.

Você lembra da mãe que precisou desabafar no meu grupo de apoio? Depois de sofrer com as tentativas doloridas de fazer o filho dela dormir sozinho, ela decidiu que não faria mais isso e, ao comunicar sua decisão para a pediatra, recebeu uma resposta atravessada:

— Tá bem, você que sabe. Mas tem uma coisa muito importante: você não pode, de jeito nenhum, dar peito para o seu filho de madrugada, para fazê-lo voltar a dormir. Você tem que fazer isso de outras formas.

Era nesse estágio que aquela família se encontrava, vivendo noites longas em que se demorava de uma a duas horas para o bebê voltar a dormir, com muito choro, mesmo no colo do pai ou da mãe. Eles estavam sofrendo as visíveis consequências da privação de sono, algo que nós, pais e mães, conhecemos muito bem e queremos distância.

Mais uma vez, aquela família conduzia o sono do bebê de uma maneira com a qual não concordava, apenas porque a pediatra ordenou. Eles estavam desesperados, sem encontrar nenhuma saída. Por que nós continuamos a nos submeter a isso?

CRIANDO UM AMBIENTE DE SONO

1. Escolha um colchão firme
2. Coloque o seu bebê para dormir de costas
3. Use um ventilador
4. Deixe o bebê fresco
5. Bebês não devem dormir sozinhos em uma cama de adulto

SE O BEBÊ DORME COM VOCÊ

O que é sono compartilhado?

Pais e filhos dormindo na mesma cama. Também conhecido como cama compartilhada ou cama da família.

UH-UH!
UH-UH!

Com o sono compartilhado, o bebê se sente mais confortável e seguro. Pais relatam que conseguem dormir mais e com menos interrupções. A produção de leite materno aumenta e a amamentação noturna se torna mais fácil.

1. Amamente seu bebê (*se possível* ♥)
2. Ponha o bebê próximo à mãe
3. Use grades ou protetor de cama
4. Não durma em sofás, cadeiras ou poltronas
5. Apenas cuidadores primários devem dormir junto com o bebê

SE O BEBÊ DORME NO BERÇO

★ O espaçamento da grade lateral deve ter no máximo 6,5 cm.

★ Cabeçalho e rodapé não devem ser pontiagudos

★ Tire todas as pelúcias e almofadas do berço

Por isso grupos de apoio para pais são tão importantes, porque nos empoderam. A resposta que aquela família recebeu dos outros pais do grupo foi unânime: ignorar a pediatra e colocar o bebê para dormir no peito por enquanto, para garantir um descanso maior, mesmo que ainda não ideal. Quando aquela mãe sentisse a necessidade de conduzir um desmame noturno, esse seria o tempo dela.

Digamos, então, que você já se convenceu sobre a cama compartilhada e tem até vontade de ver como isso funciona para a sua família. Ainda assim, sempre que eu falo sobre cama compartilhada, vejo algumas pessoas se preocupando com uma das maiores dúvidas que cercam esse assunto: qual a idade máxima para se fazer cama compartilhada? Para ser sincero, eu nunca tive muito medo disso, porque sair da cama dos pais é um movimento que diz muito sobre necessidades e segurança. Quando uma criança se sente segura o suficiente, ela consegue ir para o próprio quarto. E, quanto mais atendemos às necessidades de segurança dos nossos filhos à noite, mais eles vão ganhando essa confiança para conseguir se mudar para as próprias camas.

O que eu vejo em muitos relatos de outros pais e mães é que a idade média onde isso costuma acontecer é por volta dos 3 anos, mas isso não é uma regra e cada criança é diferente. Algumas podem demorar mais, outras menos, e com o Dante foi mais ou menos nessa idade que ele decidiu ir para a cama dele.

A mudança para o quarto dele foi meio acidental, porque num dia desses, em que ele estava chorando e resistindo para subir e deitar comigo na nossa cama para dormir, ele disse:

– Tá bom, então vamos. Mas eu quero no meu quarto.

Lembro de ter olhado para a Anne com uma cara de total surpresa e pensado "tá bem, vamos ver no que isso dá". Chegando lá, deitei na cama do Dante com ele, contei umas histórias e ele dormiu. Não só dormiu, como passou a noite toda na cama dele.

No dia seguinte, tentei fazer a mesma coisa, pensando "vai que funciona de novo", e funcionou. Foi assim no próximo dia, no outro, na semana seguinte, no mês seguinte, até hoje.

Eventualmente, ele ainda sai da cama dele de madrugada e se aconchega conosco, em nosso quarto, mas isso nunca foi um problema, porque é muito esporádico e também uma maneira de matar as saudades dos chamegos de ter um filho dormindo com você.

Com o Gael, foi um pouco diferente, porque ele se mudou para a cama dele com apenas 2 anos. Isso aconteceu mais por influência do irmão mais velho do que qualquer coisa, pois ele via o irmão dormindo no quarto e queria fazer igual, então por que impedir esse movimento?

Quando nós entendemos que dormir sozinho é mais uma questão de sentir-se seguro do que qualquer outra coisa, fica mais fácil conduzir esse processo com leveza, observando os sinais que os nossos filhos nos dão, como quando eles passam mais tempo brincando no próprio quarto. Esse é o momento ideal para envolver os nossos filhos em alguma atividade no quarto deles, nem que seja uma pequena mudança na decoração, para que eles se sintam mais envolvidos na construção do ninho deles e, portanto, mais propícios a querer dormir por lá.

SLING,
UM PANO PARA TODA OBRA

COMO EU JÁ MENCIONEI NO CAPÍTULO ANTERIOR, O ENXOVAL DO BEBÊ É UM TERROR PARA O BOLSO, E OUTRO ITEM OBRIGATÓRIO NO ENXOVAL É O CARRINHO DE BEBÊ. POR ISSO, DURANTE A GESTAÇÃO DO DANTE, NÓS COMPRAMOS UM CARRINHO DE BEBÊ QUE MAIS PARECIA UMA NAVE ESPACIAL. ELE SE DESACOPLAVA COMPLETAMENTE E PERMITIA QUE VOCÊ COLOCASSE OUTROS MÓDULOS, COMO UM BEBÊ-CONFORTO. ERA QUASE UM CARRO DE PASSEIO.

Nós nunca usamos aquele carrinho.

O carrinho só passou a ser útil com a chegada do Gael, principalmente quando voltávamos da pracinha com os nossos filhos. Se o Dante estivesse com as pernas cansadas de tanto correr, poderia pegar uma carona no carrinho, se não, era o Gael que ia.

Mas uma coisa era fato: até o Gael nascer, praticamente não usamos o carrinho com o Dante.

O que usávamos então? Uma coisa linda e maravilhosa conhecida por sling. Eles são carregadores de pano que servem para levar os nossos filhos no colo, com um detalhe que faz toda a diferença: damos colo para os nossos filhos, mas ficamos com os braços livres.

Uma das maneiras de fortalecer o vínculo com os nossos filhos é através desse contato físico, e o colo é uma das formas básicas para oferecer um contato afetivo. O problema é que, se você ficar o dia inteiro com um bebê ou criança pequena no colo, em breve você vai perceber que está exausto e cheio de dores nos braços. Para complicar ainda mais essa situação, bebês amam estar no colo e só assim estão felizes de verdade, tirando raras exceções.

Um lembrete: é perfeitamente normal que os bebês queiram ficar o tempo todo no colo, e atender a essa necessidade deles não vai deixá-los mimados, mal-acostumados, tampouco abrirá uma brecha para que eles nos controlem ou manipulem. Muitas pessoas dizem isso e eu sempre fico pensando como é que alguém poderia ficar viciado em colo, porque eu nunca vi nenhum adulto de 30 anos pendurado no colo dos seus pais.

Os bebês pedem colo só porque eles gostam e precisam desse contato corpo a corpo para serem felizes e sentirem-se seguros.

Foi no sling que eu encontrei uma das minhas maiores paixões na paternidade, porque eu podia atender a essa necessidade dos meus filhos de colo e contato físico, enquanto continuava com os braços livres para fazer outras coisas. Meus filhos também adoravam, porque eles ficavam no alto comigo, bem na altura dos meus ombros, e podiam ter uma visão do mundo muito parecida com a minha, ao mesmo tempo em que me observavam interagir com as outras pessoas.

Se, por acaso, eles estivessem irritados ou recebendo muita informação e estímulos visuais quando, por exemplo, estávamos passeando num shopping, eles podiam simplesmente se afofar e enfiar a cabeça entre o meu peito e o sling, para ficarem protegidos e aninhados.

Muitas pessoas pensam que os bebês precisam de muitos estímulos de brinquedos, objetos coloridos ou itens eletrônicos, mas os melhores estímulos que eles podem receber são os da vida cotidiana. Nada os deixava mais felizes do que ir comigo no sling para a padaria comprar um pão fresquinho, ou ao mercado, comprar algumas coisas que estavam faltando em casa.

Por outro lado, era bem curioso como as pessoas reagiam de forma diferente quando eu estava sozinho carregando meu filho no sling, ou quando era a Anne quem estava sozinha com um bebê no sling.

No meu caso, eu normalmente ouvia coisas do tipo:
– Olha que lindo aquele pai com o filho!
– Você precisa de alguma ajuda?
– Tá tudo bem?

Já no caso da Anne, ela ouvia comentários mais críticos, digamos assim.
– Tadinho, ele está todo apertado aí.
– Não tá apertando a perninha dele?
– Cuidado para ele não ficar sufocado!

São comentários contrastantes como esses que me lembram como ainda vivemos em uma sociedade desigual para homens e mulheres. Nós, pais homens, ficamos historicamente tão afastados da criação dos nossos filhos que hoje, quando fazemos algo tão trivial como apenas ir com o filho ao mercado, somos ovacionados como heróis.

Mas os slings não eram apenas meus aliados para o dia a dia. Eles me salvaram de um dos maiores problemas que eu tinha com o Dante: a hora de dormir.

Quando eu era pai apenas do Dante, eu me sentia uma farsa. Eu já tinha um blog e escrevia bastante sobre paternidade e criação de filhos, mas havia algo que eu não conseguia fazer, algo que me consumia por dentro e me trazia um sentimento de impotência gigantesco. Eu não conseguia colocar o meu próprio filho para dormir à noite.

Durante os dois primeiros anos de vida do Dante, eu raramente consegui fazê-lo dormir. Ele não era o tipo de bebê que se deixava ser ninado até dormir, que ouvia histórias ou que gostava de canções de ninar. O lance dele era o peito da Anne mesmo. Dormia no peito e, em pouquíssimas ocasiões, eu conseguia fazê-lo dormir, só quando eu estava passeando com ele na rua com um sling.

Se eu olhasse apenas para mim de uma forma bem egoísta, essa situação seria perfeita porque, com a desculpa de que o Dante só conseguia dormir mamando no peito da mãe, teoricamente, eu não poderia fazer nada e toda essa responsabilidade de colocar o Dante para dormir seria da Anne.

Só que eu não me sentia bem com isso. Muito pelo contrário, eu me sentia péssimo, impotente e incapaz.

Colocar o Dante para dormir sempre foi meio complicado e não era raro que a Anne ficasse por mais de uma hora no quarto com ele, até que o Dante finalmente dormisse. A dificuldade começou a aumentar quando a Anne engravidou do Gael, porque ela já tinha mais dificuldades para fazer isso e, talvez, o Dante já sentisse que as coisas estavam mudando. Por isso, demandava bem mais em muitas situações, principalmente na hora de dormir.

Para aumentar a nossa preocupação, Gael estava crescendo na barriga da Anne e, a cada dia que passava, estava mais próximo de estar conosco, aqui do lado de fora. Ficávamos pensando em como seria para colocar os dois para dormir, e víamos uma família de amigos, que também têm filhos com idades bem próximas. As duas filhas só dormiam com a mãe, no peito, e nós acompanhávamos a dificuldade que era para aquela mãe gerenciar tudo isso à noite. Essa possibilidade nos deixava apavorados.

Quando Anne entrou no terceiro trimestre de gestação, decidimos que eu assumiria o sono do Dante. Ele ainda só dormia no peito, e eu não podia participar dessa etapa, mas não podíamos correr o risco de termos dois filhos que só dormissem no peito. Eu precisava encontrar com o Dante uma maneira de fazer isso funcionar.

Comecei, então, a levá-lo sozinho para o quarto, depois do banho e de escovar os dentes. Não foi fácil, porque ele já começava a chorar e chamar pela mãe assim que entrávamos no quarto. Foram dias muito desafiadores, mas também de muito aprendizado. A Anne precisava aprender a confiar em mim para fazer isso, eu precisava aprender que eu não era incapaz de colocar o meu filho para dormir e Dante precisava aprender que ele era capaz de dormir fora do peito, com o pai, de outras maneiras igualmente amorosas.

Conversávamos, líamos histórias, brincávamos de sombra na parede e, eventualmente, ele começou a dormir comigo sem chorar escandalosamente. Insistindo, conseguimos fortalecer nossa própria relação e, nossa, como eu me senti capaz!

Eu, que sempre dizia:

– Nunca que eu vou conseguir vencer o peito e fazer o Dante dormir!

Descobri que era possível, e que também podia ser legal durante o processo!

Quando o Gael nasceu, tudo mudou, obviamente. Estávamos todos nos adaptando à nova dinâmica da família e Dante, principalmente, ainda sentia bastante a falta de disponibilidade da Anne. Isso também refletiu em como Dante era colocado para dormir. Ele voltou a pedir muito a presença da mãe e a chorar muito quando entrávamos só eu e ele no quarto.

Foi então que eu resolvi fazer diferente: eu precisava encontrar com o Dante uma maneira só nossa, um ritual de pai e filho para dormir, e que não necessariamente fosse igual à forma com a qual ele dormia com a mãe. Num belo dia, resolvi pegar o Dante, colocá-lo num sling e andar com ele na rua, à noite, indo até a padaria, para ver se todos nós dávamos uma esfriada na cabeça.

Andei só um pouquinho na rua e nem consegui andar um quarteirão inteiro. Ele já havia se aconchegado no meu peito e tinha dormido. Ah, que alegria! Parecia que havíamos descoberto um novo mundo. Voltei para casa com o Dante dormindo no sling, e Anne mal acreditava que aquilo tinha acontecido. Coloquei-o na cama e pronto, dormiu até o dia seguinte.

Foi assim que aconteceu, por muitas noites, durante um bom tempo. Eu chegava em casa do trabalho, brincávamos, conversávamos e, quando anoitecia, colocava ele no sling e íamos à padaria, só que ele nunca conseguiu chegar acordado lá. Quando o Gael ficou maior, passei a colocar os dois para dormir juntos, na rua, com o Gael no sling e o Dante no carrinho. Quando eles ficaram maiores, passei a colocar os dois para dormir no quarto deles, cada um em sua própria cama.

E mesmo sem usar mais o sling para fazê-los dormir, eu ainda olho para esse meu velho companheiro de guerra com muita gratidão.

CUIDADOS
(COM OS FILHOS E COM A CASA)

Eu nunca brinquei de casinha, muito menos de boneca. E, por mais que isso pareça bem natural, vivendo no mundo em que vivemos, isso significa também que eu nunca brinquei de ser pai.

Como se espera de uma sociedade que gosta de dividir tudo entre coisas de menino e de menina, eu brincava, basicamente, de herói e videogame. Por isso, eu nunca me liguei ou me importei com as tarefas que eram relacionadas ao cuidado, seja em relação ao lar ou à família.

Isso fez com que eu tivesse uma dificuldade enorme para me adaptar à vida adulta, e à vida de parceria com a Anne. Será que acabou o feijão? Preciso responder a alguma coisa na caderneta da escola? Está faltando fruta em casa? E as roupas? E os cabelos na pia?

Estar consciente do cuidado do lar também – não só dos filhos – é um dos exercícios mais difíceis que eu faço, de mudar a minha percepção e começar a notar o meu entorno. É difícil para mim porque eu nunca precisei fazer isso, desde criança. Eu não brinquei de nada assim, nem era pedido para colaborar com a manutenção da casa em que eu morava.

Podemos aprender coisas novas, sempre. E eu sempre fico pensando sobre as coisas com que ainda preciso me envolver ou perceber, como as roupas dos meninos largadas no chão. É minha responsabilidade, também, recolher as roupas deles. Escrever isso em um livro pode parecer bobo e óbvio, mas não é quando você nunca precisou fazer isso na vida. Também não é motivo para você ganhar um troféu.

Só que essa não é a minha maior preocupação. Eu tenho dois filhos meninos, e a maneira como eu vou criá-los e "entregá-los" ao mundo é uma baita responsabilidade. Eu poderia deixar os meus filhos seguirem o curso normal do que é esperado na sociedade no que diz respeito aos papéis que eles deveriam desempenhar. E, quando crescessem, eles precisariam desconstruir mais um monte de coisa, tanto quanto eu ainda preciso, para possibilitar relações mais equânimes entre homens e mulheres.

Sim, eu poderia fazer isso.

Ou eu poderia fazer diferente, e evitar que eles precisem desconstruir tanta coisa quando crescerem. Mas como?

Eu descobri que a ferramenta mais poderosa para ensinar qualquer coisa para os meus filhos não é nada mirabolante. Pelo contrário, é uma ferramenta bem simples: o modelo. Se os meus filhos me veem cuidando da casa, lavando a louça, pegando roupas do chão, limpando a mesa, passando aspirador de pó, todas essas funções passarão a ser consideradas normais por eles.

Se os meus filhos me veem cuidando deles, construindo uma relação afetiva e próxima a ponto de eles me procurarem quando se machucam ou estão tristes, eles terão esse modelo de relação com a família. Se os meus filhos me veem dividindo as tarefas com a mãe deles, então o referencial que eles terão de uma relação entre adultos é de equilíbrio.

"Os adultos ensinam às crianças através de três maneiras importantes: a primeira é por exemplo, a segunda é por exemplo, a terceira é por exemplo." Barbara Nicholson e Lysa Parker, *Attached at the Heart: 8 Proven Parenting Principles for Raising Connected and Compassionate Children*.

E mesmo que os meus filhos ainda sejam pequenos, já consigo observar os sinais de que as percepções que eles têm do mundo são bem diferentes das que eu tinha quando eu era criança. É só observar como os meus filhos interagem com os "filhos" deles.

Eu explico melhor: tanto o Dante como o Gael têm bonecos bebês, e eles têm feições parecidas com seus respectivos donos, o que faz deles filhos dos meus filhos. Ou seja, meus netos. O filho do Dante é o João, e o filho do Gael é o Júnior.

Dante e Gael cuidam diariamente dos seus filhos de uma forma que eu só fui pensar em cuidar quando me tornei adulto. Eles dão comida para os bebês, praticam cama compartilhada com seus filhos e até os levam para a escola.

Para o Gael, o assunto fica sério quando se trata de colocar o Júnior para dormir. Acho que ele me viu passar tanto sufoco na hora de dormir que já está treinando isso desde pequeno. Então, quando é hora de dormir, é hora de fazer silêncio absoluto, sob risco de ter o Gael chamando a atenção.

– Então, Anne, estava pensando aqui que precis...
– SHHHH PAPAI! JÚNIOR MIMINDO!

Ninguém gosta de ser repreendido, mas nesse caso é por um bom motivo.

DIÁLOGO COMO FORMA de EDUCAÇÃO

O DIÁLOGO É UMA DAS POUCAS COISAS QUE TODOS OS PAIS E MÃES CONCORDAM QUE SEJA UMA BOA IDEIA, MESMO QUE ELES DISCORDEM DE MUITOS OUTROS ASPECTOS SOBRE A CRIAÇÃO DE SEUS FILHOS. ISSO É TÃO VERDADE QUE ATÉ OS MEUS PAIS ME DIZIAM QUE ELES SEMPRE ESTARIAM ABERTOS PARA UM DIÁLOGO. DEMOREI ALGUNS ANOS PARA PERCEBER QUE, NA VERDADE, ESSA ABERTURA PARA DIÁLOGO ERA PRATICAMENTE UMA FRESTA:

– Mãe, por que você fuma? Não faz mal à saúde?
– Eu fumo para você não ter que fumar!
E pronto, mais um diálogo encerrado.
Outro diálogo que eu me recordo bem, quando era pré-adolescente, eu fui apresentado ao conceito de masturbação. Na verdade, eu fui zombado no ônibus escolar porque não sabia responder a um menino o que era a masturbação masculina, nem se eu a praticava.

– Mãe, riram de mim hoje no ônibus escolar, porque eu não sabia o que é p...
– Vá conversar com o seu pai!
Basicamente, o diálogo que eu tive com o meu pai se resumiu a ganhar uma revistinha de pornografia sueca que ele escondia no armário. Fim de papo.

Eu sempre pensei que educar meus filhos envolveria obrigatoriamente o uso de ferramentas que os fizessem me respeitar, assim como os modelos que eu conheci. E, para isso, alguns assuntos mereceriam respostas secas e não muito claras, porque são "coisas de adulto" ou porque "criança não tem que se meter".

Eu só comecei a mudar esse pensamento no dia em que peguei meu filho mais velho no colo pela primeira vez, assim que ele nasceu. Eu comecei a me recordar de todas as tentativas de diálogo que eu tive com os meus pais e como elas não eram exatamente canais de comunicação de mão dupla. Quando eu era mais novo, achava aquilo muito esquisito, mas imaginava que era assim que pais e filhos se relacionavam.

Com o Dante na minha vida, comecei a perseguir um modelo diferente, que seria o meu caminho, e seria diferente do que eu conhecia por relação hierárquica entre pais e filhos. Eu aprendi também que não existem dois modelos apenas, como a permissividade e o autoritarismo.

É possível educar com limites e sem abusos, mas isso não pode ser confundido com paternidade ou maternidade perfeita. Eu erro muito com os meus filhos, mas eu também procuro reparar os meus erros.

Mas isso significa que os meus pais e os pais da maioria das pessoas estavam completamente errados? Não, de jeito nenhum. Eles fizeram o melhor que podiam com o que tinham. É claro que, hoje, vivemos tempos diferentes, em que a informação é mais acessível. Também sei que masturbação, sexualidade, fumo e álcool são temas muito delicados – considerados tabus por muitas pessoas – e que eu espero conseguir responder com naturalidade para os meus filhos quando chegar a minha vez de ter essas conversas com eles.

É impossível não reparar como o diálogo, para ser realmente aberto e seguro, precisa estar desconectado da noção de uma relação hierárquica entre mim e os meus filhos, baseada no respeito por medo. Por isso, venho tentando naturalizar em mim a ideia de que eu posso ser uma figura de autoridade para os meus filhos, mas não por ser autoritário, e sim por ser uma referência e exemplo. Só que, para isso, preciso descer do meu altar de pai perfeito, reconhecer os meus erros e me apresentar como um ser humano que, portanto, erra muito.

Certa noite, durante a rotina do sono, eu estava preparando os meus filhos para dormir. Era tarde, e eu estava muito cansado e impaciente. Ironicamente, é justamente em dias ruins que os filhos costumam ser mais resistentes para tudo. Mas, pensando bem, faz sentido, já que eles respondem muito aos estímulos que nós produzimos, mesmo que inconscientemente.

Nessa noite, o Dante estava demorando muito para fazer o que eu pedia e seguir a nossa rotina e, quando chegou a hora de escovar os dentes, ele simplesmente demorava décadas para terminar de escovar.

– Dante, termina logo.
– Dante.
– Dante, acaba de escovar logo!

Pronto. Gritei com o Dante. Ele chorou e eu podia sentir o meu corpo todo pegando fogo. Senti meu rosto ficando quente e vermelho. Foi o estopim de um dia cheio de coisas a que eu não consegui dar vazão. É claro que eu poderia ter respirado antes, poderia ter contado até 5, 10, 1.000, mas às vezes não dá.

Coloquei o Gael na cama e, logo depois, o Dante. Quando ele sentou na cama, ainda choroso, ele me deu um sinal de que precisava de um diálogo com o pai dele.

"Papai, você brigou comigo, eu fiquei triste e chorei. Eu não gosto quando você briga comigo e queria que você não fizesse mais isso comigo."

Eu, que já tinha me acalmado um pouco e já sentia culpa por ter perdido o controle, comecei a sentir o corpo esquentando de novo com a raiva voltando. "Como assim, um filho questionando e dizendo o que não gosta que seu pai faça? A que ponto chegamos?". Essas perguntas povoavam a minha mente, como resquícios do que eu tinha como referência de uma relação hierárquica entre pais e filhos. Eu estava pronto para brigar com ele de novo, só pela audácia dele me questionar enquanto autoridade...

Até que eu parei. E me acalmei.

Eu vi ali que ele estava genuinamente buscando um espaço para diálogo. E que ele realmente confiava em mim, na nossa relação, a ponto de sentir segurança o suficiente para dizer que não gostou de algo que eu fiz. Eu jamais poderia ter falado algo assim com os meus pais sem provocar uma nova guerra mundial. Logo em seguida, eu fiquei feliz, satisfeito que ele sinta a nossa relação dessa maneira e eu não poderia estragar isso. Eu devia mesmo era reparar o meu erro.

"Poxa, filho, eu sei. Desculpa. O papai está muito cansado e sem paciência, mas eu não devia ter perdido o controle com você. Me desculpa, filho, vou tentar me controlar mais nessas horas, tá?"

Naquele dia, o Dante foi dormir com a certeza de que pode falar sobre tudo com o pai dele. E também dormiu com a certeza de que o pai dele é humano, e sempre pode errar. Tanto quanto ele.

FALAR SOBRE SENTIMENTOS

VOCÊ JÁ PERCEBEU COMO FALAR SOBRE SENTIMENTOS É UM TABU NA NOSSA SOCIEDADE? IMAGINE QUANDO VOCÊ CUMPRIMENTA ALGUÉM NA RUA:

"Oi, Fulano! Tudo bem com você?"

Agora, imagine se o Fulano realmente começasse a falar de tudo o que ele estivesse sentindo de verdade naquele momento. Você iria preferir enfiar a cabeça em algum buraco no chão, esperando que o Fulano só respondesse com um "tudo bem, e você?".

Ninguém fala sobre os seus sentimentos assim, abertamente. E, por mais que muitas pessoas não o façam com medo de parecerem frágeis, muitas outras pessoas não o fazem simplesmente porque não sabem o que estão sentindo de verdade. E isso vem desde os nossos primeiros anos de vida.

Ninguém falava comigo sobre os meus sentimentos quando eu era pequeno. Depois, um pouco maior, eu ainda não podia falar sobre o assunto em casa. Não só em casa, mas também na escola, afinal, lá somos alfabetizados na nossa língua-mãe, aprendemos matemática, geografia, ciências e tudo mais. Emoções? Não, para que perder tempo com isso na escola, não é mesmo?

Eu era um adulto emocionalmente analfabeto até ter filhos. Eu não sabia sequer nomear meus sentimentos, e só comecei a entender a importância disso quando comecei a olhar com muito carinho para a relação de afeto que eu queria construir com os meus filhos. É impossível desenvolver uma conexão afetiva com os filhos sem saber nada sobre o que você ou eles sentem.

Apesar disso, eu precisei de muita ajuda profissional com uma psicóloga para criar essa consciência comigo mesmo. Eu era tão alheio aos meus sentimentos que eu precisei de alguém para me ajudar a identificar o que eu estava sentindo. E eu tenho certeza de que isso só aconteceu porque nunca ninguém falou comigo sobre sentimentos, e sempre que houvesse a menor indicação de que o assunto seria esse, tudo era jogado para debaixo do tapete, afinal de contas, quem demonstra sentimento é fraco. E meninos não têm sentimentos. Meninos são fortes.

Vendo como foi difícil criar essa consciência, eu percebi o valor de falar sobre sentimentos com os meus filhos. E falar sobre isso não se limita a identificar o que os meus filhos estão sentindo, mas acolher também esses sentimentos.

Desde quando o Dante era um bebê, eu já comecei a praticar com ele. Sei que nessa época eles não entendem exatamente o que eu falo, mas o meu tom de voz ajudava bastante quando ele estava muito irritado. Para além dos benefícios com os meus bebês, falar sobre sentimentos tão cedo me ajudava muito. Era como se fosse um treinamento para mim mesmo sobre emoções.

Com o Dante e o Gael, nós sempre fazemos um rodízio para ajudá-los a nomear seus sentimentos. Vou perguntando se eles estão tristes, bravos, com raiva, felizes e outros sentimentos até que eles se identifiquem com aquilo e clamem para si uma determinada emoção.

Uma vez, na escola, vi o Dante chegando perto de uma amiga que estava sentada no canto, toda emburrada. Ele se aproximou e começou a fazer o mesmo rodízio de sentimentos com ela, do jeito que fazíamos com ele.

"Você tá triste? Com fome? Com sono? Tá brava? Tá 'tristebrava'?"

E foi assim até que ela admitisse, meio a contragosto, que estava muito "tristebrava". Dante, então, fez um carinho nas costas dela, se levantou e foi fazer outra coisa. Queria eu ter essa inteligência emocional com 3 anos de idade! Tamanha inteligência que o fez criar um sentimento novo: "tristebravo"!

Ajudar os nossos filhos a ter esse autoconhecimento não é tão difícil, basta que comecemos a falar sobre os nossos sentimentos e os deles. E, mais importante, que consigamos acolher, na medida do possível, os sentimentos deles.

Eu nunca imaginei que apenas acolher sentimentos fosse o que nós – e os nossos filhos – precisamos na maioria das vezes. E ter isso sempre em mente pode nos ajudar a passar por vários sufocos, como quando você está na loja de brinquedos e o seu filho quer um brinquedo que você não pode comprar.

A primeira vez que eu fiz isso foi com o Gael, quando ele tinha 2 anos. Ele já era maior e demonstrava desejos com mais intensidade. Na loja de brinquedos, ele decidiu que queria levar para casa o quartel-general da Patrulha Canina. Sim, ele ama a Patrulha Canina com todas as forças do seu pequeno ser, e ter aquele quartel-general parecia suficientemente justo para ele. Eu, obviamente, não podia dar aquele brinquedo para ele, e o Gael respondeu com uma daquelas crises de choro que todo mundo para o que está fazendo para olhar para você, esperando uma atitude repreensiva. Eu me abaixei para falar com ele, tentando – com muito esforço – desligar aqueles olhares julgadores ao meu redor.

– Gael, filho, você tá muito triste, né?

– Gael bravo!

– Eu sei, filho. Você tá muito bravo! Você queria mesmo levar esse brinquedo.

– Sim!

– Eu entendo que você está bravo, isso é normal. Papai está aqui para ajudar você, mas não podemos levar o brinquedo. Se você quiser, posso te ajudar com a sua raiva e te dar um abraço.

Não é nenhum passe de mágica, muito menos uma fórmula milagrosa para resolver problemas de birra, mas funciona muito bem na maioria das vezes. E funciona porque, quase sempre, nós queremos mesmo é nos sentir acolhidos por quem nós amamos. E cada vez que eu consigo acolher os meus filhos nos sentimentos deles, a nossa relação se fortalece mais um pouco.

Quando eu comecei a pensar numa criação que valorizasse mais as relações que eu construiria com os meus filhos, com mais afeto, eu achei que isso apenas me beneficiaria como pai. Eu nunca imaginei que pensar em uma criação com afeto poderia impactar diretamente na minha relação com as outras pessoas e, principalmente, comigo mesmo.

Abrace o seu filho, acolha os sentimentos do seu filho. Você vai perceber que fica cada vez mais fácil acolher a si mesmo.

PARTE 3

TRANSFORMANDO RAIVA EM AM♥R

TODO MUNDO SABE QUE, NAS NOSSAS VIDAS DE MÃES E PAIS, EXISTEM DIAS E DIAS. HÁ DIAS EM QUE ESTAMOS ÓTIMOS, POSITIVOS, BRINCALHÕES E COM UMA PACIÊNCIA DE DAR INVEJA A QUALQUER MONGE. MAS TAMBÉM HÁ DIAS EM QUE ESTAMOS BEM NEGATIVOS, SEM PACIÊNCIA NENHUMA E, PRECISAMOS ADMITIR ISSO, ACABAMOS USANDO OS NOSSOS FILHOS COMO VÁLVULA DE ESCAPE PARA OS NOSSOS PRÓPRIOS PROBLEMAS DE ADULTOS.

Eu levo os meus filhos para a escola e, como eles estudam no turno da manhã, a nossa rotina matinal é sempre muito agitada. Quando chegamos à escola, eu normalmente levo o Gael para a sala dele acompanhado pelo Dante. Depois, eu levo o Dante para a sala dele, subindo as escadas da escola e conversando. A minha parte preferida de levá-los à escola pode ser boba para você, mas é muito importante para mim: dar um beijo de despedida, desejar uma boa aula e dizer que eu os amo.

Porém, eu comecei a perceber que, em algumas raras vezes, quando eu e o Dante chegávamos à escada, ele me dizia que poderia subir sozinho e se despedia de mim para ir para a própria sala. Eu sempre entendi isso como algo natural, que não significaria nada, até o dia em que o Dante encontrou um amigo de sala na escada e me disse que queria subir só com o amigo.

– Pai, quero subir sozinho com o meu amigo, tá? Mas tá tudo bem, não é porque você brigou comigo.

Na mesma hora, eu liguei os pontos: as vezes em que o Dante pedia para subir sozinho para a sala, na verdade, se deviam ao fato de eu ter perdido a paciência durante a manhã e brigado com ele antes de irmos para a escola. Fiquei muito espantado com essa dica sutil que ele me deu, e entendi o recado, ou seja, se eu grito com ele, estou me afastando dele. Se eu me afasto, ele não sente vontade de estar comigo em determinados momentos de sua vida.

E, por mais que muitas pessoas possam concluir isso, ele não fazia como uma forma de se vingar ou me punir, até porque não temos essa prática nas nossas vidas em família. Ele só não queria estar comigo porque sentia-se desconectado de mim e, provavelmente, magoado.

Eu sempre tento me controlar para não fazer com que a manhã seja ruim como um todo, principalmente depois que soube desse mecanismo do Dante, mas há dias em que você já acorda cansado e a última coisa com que você gostaria de lidar é briga entre irmãos às 6 da manhã. Nesses dias, eu sempre tento fazer as pazes e pedir desculpas por ter perdido o controle antes de chegarmos à escola.

Todos nós falamos muito sobre o conceito do amor incondicional, e esperamos que esse amor seja inerente pelo simples fato de sermos pais ou mães, mas não é bem assim. Uma relação de respeito e afeto é construída no dia a dia, principalmente nos momentos difíceis e de conflito. Os nossos filhos estão sempre procurando saber se nós os amamos, ou em que condições eles são amados, por isso que eu faço um exercício pessoal de deixar sempre muito explícito para os meus filhos que eu os amo, mesmo – e principalmente – quando eles fazem algo de errado e mesmo que eu esteja falando com eles sobre esse erro.

– Filho, você fez algo muito errado ao bater no seu irmão. Mas você sabe que, mesmo quando você faz algo errado, o papai ama muito você.

Um dia a Anne estava muito cansada e, ironicamente, o Gael estava demandando mais do que o usual. Ele irritava e provocava, fazendo questão de não cooperar com a mãe sempre que ela pedia alguma coisa. Em determinado momento, o Gael estava usando um brinquedo para irritar e brigar com o Dante, até que a Anne, sem paciência nenhuma, pegou o brinquedo, gritou e o lançou na parede.

De um lado, a Anne estava furiosa. Do outro lado, Gael chorava assustado. E o Dante? Ele saiu correndo, pronto para falar para a mãe:

– Mamãe, mesmo assim eu amo você, tá?

Que bom que os nossos filhos sabem falar exatamente o que precisamos ouvir. São passagens assim que me fazem lembrar que é uma relação de mão dupla, em que eu sempre vou aprender muito a partir do que desejo construir com eles, e vice-versa.

PUNIR

SE EXISTE ALGO QUE EU NÃO CONSIGO ENTENDER É A LÓGICA DE FAZER COM QUE OS NOSSOS FILHOS SE SINTAM PÉSSIMOS SOBRE SI MESMOS, E ESPERAR QUE A PARTIR DAÍ ELES SE TORNEM PESSOAS MELHORES. A CONTA NÃO FECHA.

No livro *O Cérebro da Criança: 12 estratégias revolucionárias para nutrir a mente em desenvolvimento do seu filho e ajudar sua família a prosperar,* Daniel Siegel e Tina Bryson dizem que quase sempre esquecemos que disciplinar significa ensinar, e não punir. E, como aprendizes, os nossos filhos buscam aprender, não ser receptáculos de consequências comportamentais. Quando abandonamos o conceito de punição, passamos a observar todos os desafios e conflitos em oportunidades de aprendizado e desenvolvimento.

Por mais que nós, pais, digamos que a punição é também um mecanismo de aprendizado, na verdade é o que dizemos para nós mesmos, na tentativa de nos convencer de que não fazemos isso com o objetivo de nos vingarmos de algo que os nossos filhos fizeram, que nos deixou furiosos, irritados ou magoados. Por isso, se olharmos para dentro de nós e observarmos com atenção, é fácil perceber que a maior motivação da punição é fazer com que a criança se sinta mal pelo que ela fez.

Agora, tente pensar na sua vida adulta, no seu trabalho. Imagine todas as vezes em que você foi humilhado pelo seu chefe, ou os momentos em que o seu superior fez questão de fazer com que você se sentisse mal por alguma coisa errada que você tenha feito. Quais foram as vezes em que você usou isso para se tornar um empregado melhor? Ou será que você foi consumido por sentimentos de raiva, vergonha, vingança ou ressentimento? É assim que os nossos filhos se sentem quando os punimos.

Jane Nelsen, autora do livro *Disciplina Positiva*, diz que as punições podem até funcionar, mas em curto prazo. Isso porque a motivação para que um determinado comportamento não se repita só existe enquanto a ameaça da punição existir. E, com o passar do tempo, as punições previamente estabelecidas começam a parecer muito brandas para os nossos filhos, que passam a não demonstrar mais os comportamentos esperados por nós.

O que tendemos a fazer então? Nós aumentamos o grau de intensidade da punição. Se o meu filho ficava antes um dia sem ver TV por não querer arrumar os seus brinquedos, agora fica uma semana. E assim continuaríamos até que a punição mais severa possível fosse o meu filho ficar sem ver TV pelo resto da vida. Ou pelo menos até ele sair de casa. Ainda assim, fica a pergunta: será que ele aprendeu alguma coisa sobre a necessidade de arrumar os brinquedos durante esse período? Dificilmente.

Por que isso acontece? Porque a punição é uma consequência ilógica. Nós ajudamos os nossos filhos a sentirem-se mais seguros no mundo e na relação que eles têm conosco quando mostramos a eles as consequências lógicas dos seus atos. Não arrumar os brinquedos e não assistir TV não tem a menor ligação entre si. Por isso, os nossos filhos não tiram nenhum aprendizado dessas interações.

Por outro lado, quando exercitamos as consequências lógicas, os nossos filhos aprendem lições importantes sobre o mundo. Se o Gael derrama suco de uva no chão, a consequência lógica é que o chão está sujo e, portanto, precisa ser limpo. Então, pegamos o pano e limpamos o chão, mas sem fazer disso um momento de vergonha ou humilhação para ele.

No exemplo da arrumação de brinquedos do quarto, o pensamento é análogo. Se o Dante não arrumar os seus brinquedos, o quarto vai ficar bagunçado, e a consequência lógica é o quarto continuar bagunçado e os brinquedos se perderem quando limparmos a casa.

Outra alternativa interessante à punição é fazer combinados. Quando eu combino algo com os meus filhos, mostro a eles que eu valorizo a opinião deles e estou disposto a chegar a um denominador comum.

– Filho, esse quarto está todo bagunçado. Vamos fazer um combinado? Você arruma os carrinhos e eu arrumo os bonecos. Pode ser?

Ao contrário da punição, que enfraquece o vínculo, o combinado fortalece a nossa relação, porque é baseado no respeito mútuo. De tanto fazermos combinado para tudo, uma situação curiosa aconteceu quando uma amiga nos visitou em casa.

Nesse dia, o Dante estava assistindo TV e, em dado momento, quando achei que ele já tinha visto muito desenho, fiz um combinado:

– Dante, vamos fazer um combinado? Você vai assistir mais dois desenhos e aí você desliga a TV, tá?

Ele concordou, e continuei conversando com a minha amiga enquanto o Dante assistia TV. Nós estávamos tão imersos na conversa que não percebemos que os dois desenhos já tinham acabado, e apenas vimos o Dante desligando a TV por conta própria.

– Mas, como assim? Ele desligou a TV?

– Sim, ué, a gente tinha combinado. Né, Dante?

O Dante assentiu, mas a minha amiga ficou extremamente surpresa. Realmente, algumas crianças gritariam e chorariam muito quando os pais desligassem a TV. Ou essas crianças desligariam a TV apenas sob a ameaça de uma punição, mas quando educamos com afeto e respeito, os nossos filhos sentem-se muito mais inclinados a cooperar conosco.

CASTIGAR

Os pais colocam seus filhos de castigo sob a alegação de que eles têm que pensar no que fizeram de errado, mas você já ficou de castigo quando era criança? Então, tente lembrar de como você se sentia enquanto estava de castigo. Será que você realmente utilizava aqueles minutos - que naquela idade pareciam infinitos - para pensar no que você fez e em como você poderia melhorar no futuro? Dificilmente. O mais comum é que qualquer criança tenha uma dessas reações quando está de castigo:

- ◆ Vingança, porque a criança pensará em como poderá se vingar dos pais e dar o troco por ter sido punida com um castigo.
- ◆ Furtividade, porque a criança planejará como fazer a mesma coisa no futuro, mas de uma forma que ninguém veja, porque o problema para ela é ser pega e não exatamente o que ela fez.

- ✦ Injustiça, pois passará todo o tempo pensando sobre como seus pais foram injustos com ela, porque o que ela fez não foi nada de mais, de acordo com os valores da criança.

- ✦ Ressentimento, porque a criança começa a assumir que ela realmente mereceu aquele castigo, já que ela faz tudo errado e não é merecedora de nada além de punições.

Você certamente tinha uma dessas reações quando ficava de castigo na sua infância, e com os nossos filhos não seria diferente. Uma das coisas que eu não consigo entender é como nós conseguimos fazer com os nossos filhos algo que sabemos que não adiantou em nada para nós, quando éramos crianças. Repetimos o mesmo ciclo, sem questioná-lo, só porque alguém disse que é desse jeito e pronto.

Assim como as punições, os castigos também têm efeitos a curto prazo, porque interrompem o comportamento que desejamos acabar num dado momento. Se dois irmãos estão brigando, é só colocá-los de castigo e a briga acaba. Mas, a longo prazo, isso só enfraquece o vínculo que temos com os nossos filhos, porque a mensagem que passamos quando os deixamos sentados no cantinho do pensamento é uma única mensagem:

"Eu só quero você por perto quando você atende às minhas expectativas."

Em outras palavras, a mensagem que os nossos filhos recebem é de que não queremos tê-los por perto quando eles erram, só que é exatamente nesses momentos que nós precisamos estar por perto, para que eles percebam que o nosso amor por eles é incondicional. A mensagem que os nossos filhos deveriam receber é bem diferente:

"Filho, mesmo quando você faz algo errado, eu amo você."

Não é de se estranhar que tantos filhos, quando crescem, se distanciem de seus pais. E quando me refiro a afastamento é o emocional, não necessariamente o físico. Se a prática mais comum é acostumar os nossos filhos com pais distantes desde o berço, seja deixando-os chorar sozinhos em um quarto ou colocando-os de castigo sozinhos, por que é que nós ainda nos surpreendemos quando eles crescem e se distanciam de nós? Nossos filhos não se distanciam de nós quando crescem, nós é que passamos a mensagem do afastamento para eles, mesmo que não tenhamos a intenção explícita.

Se pensarmos bem, é fácil perceber que, na verdade, quem precisa do castigo somos nós. É quando os nossos filhos fazem uma grande besteira que não queremos vê-los nem pintados de ouro, e isso é um sentimento genuíno. Nós também sentimos raiva às vezes e, se nesses momentos você sente que precisa se afastar do seu filho para se acalmar, seja genuíno com você mesmo!

– Filho, o papai está muito bravo agora e precisa ficar sozinho. Quando eu me acalmar, venho falar com você.

Quando faço isso, mostro aos meus filhos que estou me respeitando para, então, respeitá-los. Isso é completamente diferente do castigo, porque quem se afasta sou eu, e não com um objetivo de fazer os meus filhos sofrerem.

Além disso, devemos levar em consideração que a noção de tempo para eles é completamente diferente da nossa. Por isso, se eu coloco o meu filho de 5 anos de castigo por 5 minutos, como dita a regra do cantinho do pensamento, aqueles 5 minutos mais parecerão 5 décadas de tortura. E, para piorar, conduzimos os nossos filhos a associar o ato de pensar com algo ruim.

No cantinho do pensamento, o pensar se torna o castigo e, se eu quero que os meus filhos se tornem seres pensantes e críticos, não posso transformar o ato de pensar em algo ruim. Nesse sentido, o cantinho do pensamento deveria ser um lugar prazeroso, onde ideias nascessem e a criatividade aflorasse, mas não um lugar onde se vai porque se fez algo de errado.

Ao invés de cantinho do pensamento, eu utilizo muito com os meus filhos o cantinho do relaxamento. É um lugar no quarto deles, bem ao lado da cama, que decoramos juntos com adesivos e quadros dos desenhos preferidos deles. Ali, colocamos duas almofadas confortáveis e é para lá que eles vão sempre que estiverem com a "cabeça pegando fogo", como o Dante diria.

E qual a principal diferença entre esses dois "cantinhos"? É que no cantinho do relaxamento eu convido os meus filhos, não os mando para lá. Eles podem aceitar ou não ir para aquele lugar especial, para respirar e se acalmar. Não é um lugar associado ao sofrimento, mas ao relaxamento. Lembro da primeira vez em que montamos o cantinho da calma, os dois não queriam sair dali, de tanto que gostaram da ideia, e ficaram deitados lá por um bom tempo, respirando e se acalmando.

Um dos grandes problemas do cantinho do pensamento é como nós conseguimos tirar o foco e a energia dos nossos filhos daquilo que é realmente importante. Isso acontece porque tendemos a olhar o comportamento deles como um problema a ser eliminado, mas a grande verdade é que o comportamento é só a ponta do iceberg, porque embaixo disso existem muitos sentimentos e necessidades que os nossos filhos têm. O comportamento é só a forma que eles têm para comunicar algo que requer ajuda, então se apenas focamos em extinguir um comportamento, seja ele gritar, jogar comida no chão ou bater, não conseguiremos ajudar os nossos filhos naquilo que realmente requer ajuda, como sentimentos de medo, insegurança e necessidade de atenção.

De vez em quando, o Gael joga suco de uva no chão. O Dante também fazia isso quando tinha 2 anos, mas não tão frequentemente. Então, se eu agisse como manda o senso comum de criação de filhos, o Gael deveria ficar de castigo para aprender a não jogar suco no chão. Porém, eu sei que, se eu fizesse isso, estaria redirecionando a energia dele para um caminho que eu não quero seguir, ou seja, ele provavelmente ficaria com raiva, indignado, se sentindo injustiçado, vingativo ou ressentido. Eu quero que ele foque as energias é na solução do problema: se ele derramou o suco, o chão ficou sujo e, portanto, precisa ser limpo.

Com o tempo, percebi que ele fazia isso como uma forma de chamar a minha atenção, ou a da Anne, e essa é a necessidade por trás do comportamento dele. Como ajudá-lo, então? Passei a dedicar alguns minutos de atenção exclusiva a ele todos os dias em que isso era possível. Eram alguns minutos em que eu brincava só com o Gael, conversava só com ele, e o Dante ficava em outro lugar da casa com a mãe. Isso fez com que a necessidade de chamar a atenção do Gael ficasse cada vez menor e, consequentemente, menos suco de uva foi derramado no chão. Esse tempo de atenção exclusiva funcionou tão bem que tento fazer disso uma prática tanto com o Gael como com o Dante.

RECOMPENSAR

Quando o Gael tinha 2 anos, fomos a um shopping na época do Natal, para que eles vissem o Papai Noel. Chegando lá, eles quiseram conversar com o bom velhinho e pedir um presente. O Dante conversou normalmente, pediu seu presente e deu a vez para o Gael que, por sua vez, chegou pedindo um cachorrinho de presente.

– Ah, sim, meu filho! Mas você está comendo direitinho?
– Não.
Pois é, o Papai Noel não esperava por essa resposta. Ficou levemente desconcertado, mas resolveu emendar com uma segunda pergunta:
– Hmm, tem que comer! Mas você obedece ao papai?
– Não.
Eu praticamente consegui ver o cérebro daquele senhor dando um nó.
– Err... Tá bem, mas tem que obedecer o seu pai! Agora, pode escrever uma cartinha para mim com o que você quer, tá?
Antes que você pense que o Gael é um pequeno tirano que não me respeita e nem come nada, que fique claro que ele faz muito bem todas essas coisas. Mas não sempre. E não porque ele espera receber algo em troca. Por isso que ele não se importou em ser sincero com o Papai Noel, porque nós nun-

ca criamos os nossos filhos baseando a motivação deles para receber um prêmio em troca.

A palavra-chave aqui é motivação: por que eu quero que os meus filhos sejam gentis com as outras pessoas? Para somar pontos ou estrelas que sirvam para trocar por brinquedos? Ou porque eles veem os pais deles sendo gentis com as outras pessoas? O meu objetivo é incentivar que os meus filhos tenham os mesmos valores que eu, ou pelo menos os valores que eu considere mais importantes. Isso, inclusive, ajuda a criar um senso de automotivação, porque, quando forem adultos, não basearão suas decisões no que podem receber em troca – ou em como podem ser punidos.

Alfie Kohn é um dos autores que mais produz conteúdo sobre os malefícios da recompensa como forma de educar os nossos filhos, e ele afirma em seu livro *Punidos Pelas Recompensas* que a verdade mais impactante sobre recompensas e punições é que são os dois lados da mesma moeda. Moeda essa que não consegue comprar muita coisa.

Há um equívoco quando se pensa que, já que a punição faz a criança sofrer, a recompensa faz a criança ter prazer e, portanto, é algo positivo a se praticar com os nossos filhos. Ambas as abordagens são problemáticas, justamente pela motivação que buscamos, e a melhor maneira de detectar isso é respondendo a esta pergunta:

– Por que você deseja que o seu filho faça o melhor?

Você provavelmente respondeu algo seguindo a linha de pensamento de que você deseja que o seu filho seja educado, que tenha valores e seja uma boa pessoa. Se você respondeu isso, então você não pode contar com as recompensas para obter o seu objetivo.

Isso porque através das recompensas ninguém faz nada por desejar ser uma boa pessoa, e sim para receber o prêmio no final. Então, se nos colocarmos no lugar dos nossos filhos, por que nós faríamos o melhor para os nossos pais que usam recompensas como método disciplinar?

Muito provavelmente, você vai chegar à conclusão de que seu filho irá, ao longo do tempo, tratar os outros com gentileza e "fazer o bem" apenas para ganhar pontos, ou estrelas, ou qualquer nomenclatura que você possa dar no sistema de recompensas que você criou.

Por isso que o sistema de recompensas é eficiente, porque ele produz um efeito que é meramente superficial. Por outro lado, a longo prazo, nós começamos a sempre buscar motivadores externos ao que nós podemos ou não fazer. É o clássico "o que eu vou ganhar com isso?".

Alfie Kohn diz que as recompensas e punições induzem ao cumprimento de regras, e isso é muito bom. Se o seu objetivo é conseguir que as pessoas obedeçam a um pedido, sejam pontuais e façam o que lhes disserem, então subornar ou ameaçar as recompensas pode até ser uma estratégia sensata. Mas se o seu objetivo é ter qualidade a longo prazo no trabalho, criar pensadores cuidadosos e críticos ou orientar as crianças no desenvolvimento de bons valores, então as recompensas, assim como os castigos, são absolutamente inúteis.

Para mim, é muito importante que os meus filhos saibam que o que eles ganham não está atrelado ao comportamento deles. E é nesses momentos que eu consigo ensinar a eles o real sentido e importância dos valores que estamos construindo, como aconteceu um dia, em uma loja de brinquedos.

— Papai, você vai me dar esse jogo porque eu não bati no Gael hoje?

— Não, filho. Eu vou dar esse jogo hoje porque eu posso e eu quero dar um presente para você. Você não bate no seu irmão porque você sabe que a nossa regra de "não bater" é muito importante, não por causa de presentes. Né?

— Sim!

Fazendo assim, eu não fico refém de comprar recompensas cada vez mais caras para os meus filhos fazerem aquilo que eu desejo. Afinal, todos nós sabemos que qualquer tipo de suborno só tende a ficar mais caro.

ROTULAR

Um dos rótulos que me acompanham desde criança é o de ser estabanado. Eu era a criança que deixava tudo cair no chão. As coisas escorregavam tanto das minhas mãos que eu até já fiz xixi nas mãos quando era criança, porque diziam que isso resolveria o problema. Você já deve imaginar que não resolveu. Além disso, os objetos, sejam eles brinquedos ou não, supreendentemente quebravam enquanto eu os manuseava.

Hoje, adulto, é praticamente impossível não lembrar desse rótulo todas as vezes que algo quebra na minha mão e, por mais que eu tenha passado a maior parte da minha vida achando que isso era realmente uma característica minha, percebi depois que tive filhos que isso era apenas um rótulo negativo.

Adele Faber e Elaine Mazlish, em seu livro *Como Falar Para as Crianças Ouvirem e Ouvir Para as Crianças Falarem*, escrevem que a maneira como os pais veem seus filhos pode influenciar não somente como as crianças se veem, mas também como elas se comportam.

Ou seja, os rótulos tornam-se prisões para nós e para os nossos filhos, porque funcionam como profecias autorrealizadoras. De tanto dizerem que você tem uma determinada característica – seja ela desejável ou indesejável – você acaba desenvolvendo aquela característica, para assumir um papel que lhe foi designado. E não foi qualquer pessoa que designou esses papéis para você, foram os seus pais, que são pessoas que exercem um grande poder – seja autoritário ou não – sobre você.

Mas se rótulos negativos são indesejáveis, qual seria o problema dos rótulos positivos? O problema é que eles também são papéis designados e aprisionadores. Outro rótulo que me acompanha desde criança é o de ser inteligente e, em linhas gerais, todo mundo gostaria de ser chamado de inteligente, não é?

Nem tanto, porque assim como os rótulos negativos, os positivos também nos colocam em uma caixinha. E, para a criança, ela só tem valor e é amada se corresponde à descrição da caixinha na qual está inserida. Eu, por exemplo, sentia que só era importante se eu fosse inteligente e isso tornou a minha vivência escolar ainda mais angustiante do que normalmente é.

Estudar para provas era uma atividade de extrema ansiedade e focada apenas em decorar informações para garantir uma nota alta. Se eu tirasse uma nota baixa, não me sentia digno de ser amado, e é assim que muitas crianças se sentem quando percebem que há um risco de elas fugirem do papel que lhes foi designado.

A busca dos filhos pelo amor dos pais é constante, e isso frequentemente faz com que eles se limitem a ser apenas como nós os rotulamos. Quando libertamos os nossos filhos – e nós mesmos – dos rótulos, damos a chance de sentirmos o que é o amor incondicional e também damos aos nossos filhos a liberdade de explorar todas as potencialidades.

Os papéis e rótulos ficam especialmente mais complicados quando se trata de irmãos. Em uma das rodas do meu grupo de apoio, uma mãe de um casal de gêmeos contou sobre as dificuldades de seus filhos com as brigas. Ela relatou que estava desesperada com o fato de a filha ser a tirana, que mandava e batia, enquanto o filho era o sofredor, que apanhava e chorava.

Todas as vezes que isso acontecia, a mãe intervinha. E nessa intervenção, ralhava com a filha tirana e acolhia o filho sofrido. O que ela não percebeu, até a nossa conversa no grupo de apoio, é que essas intervenções, de fato, reforçavam aqueles papéis. Os filhos dela entravam naquelas caixinhas porque achavam que só eram capazes de fazer aquilo, então a filha não demonstrava fragilidades e o filho não se defendia.

Por isso, o grupo sugeriu que seria uma boa ideia que a mãe não interviesse tanto nessas brigas, a não ser, claro, se houvesse risco real dos irmãos se machucarem. Algumas semanas depois, essa mãe escreveu para mim contando como as coisas haviam mudado drasticamente. Sem as intervenções e reforços dos rótulos, o filho começou a perceber que era capaz de se defender e a filha também percebeu que precisava respeitar o espaço do irmão.

Isso significa que esses irmãos nunca mais brigaram? Não, claro. Mas pelo menos aquela dinâmica deixou de existir e aqueles irmãos passaram a ter liberdade para explorar outros papéis.

DAR PALMADAS

Em uma roda de dia dos pais, estava conversando sobre as diferentes paternidades que vivemos, frente aos pais de diferentes gerações que compunham aquele grupo. Estávamos falando sobre as palmadas e foi então que um desses pais, que devia ter uma idade próxima à minha, pediu a palavra.

Ele contou a história sobre o ciclo de violência na família dele, que vinha desde o bisavô, batendo no avô dele usando um fio. O avô dele, por sua vez, batia no pai com uma varinha. E o pai, tentando reduzir a violência, batia nele apenas com o chinelo.

— E depois disso tudo, hoje, eu não bato sempre no meu filho, só umas palmadas de vez em quando. Estou melhorando, né?

Sem dúvida, aquilo era uma melhora na eliminação da violência física daquela família, mas havia como fazer mais. Se as palmadas são eventuais, por que não as eliminar de vez?

Teoricamente, não precisaríamos nem discutir sobre palmadas neste livro, já que, no Brasil, temos a Lei 13.010 de 2014, conhecida como Lei Menino Bernardo. Ela diz o seguinte:

"A criança e o adolescente têm o direito de ser educados e cuidados sem o uso de castigos físicos ou de tratamento cruel ou degradante, como formas de correção, disciplina, educação ou qualquer outro pretexto, pelos pais, pelos integrantes da família ampliada, pelos responsáveis, pelos agentes públicos executores de medidas socioeducativas ou por qualquer pessoa encarregada de cuidar deles, tratá-los, educá-los ou protegê-los."

Essa é a nossa maior questão no que diz respeito à palmada. A maioria de nós concorda que não deveríamos utilizar a agressão física como forma de disciplinar os nossos filhos, mas muitas pessoas ainda não veem a palmada eventual, conhecida por "palmada educativa", como uma agressão física. Nossa sociedade é tão violenta que só entendemos como agressão física aos filhos os casos que envolvem espancamento.

A palmadinha eventual também é violência, e a "palmada educativa" realmente ensina algumas coisas aos nossos filhos. O primeiro ensinamento é sobre a naturalização da violência, com a noção de que é aceitável utilizar a força física para resolver uma disputa, e que, nesses momentos, ganha a discussão quem é mais forte.

Do ponto de vista da criança que apanha, uma associação perigosa pode ser feita, pois se os pais, que inegavelmente amam os seus filhos, batem neles, então pode-se concluir que a agressão também é uma expressão de amor. A violência pode se tornar uma forma aceitável de se demonstrar amor e, como já conversamos, como as relações que construímos com os nossos filhos viram referência para os relacionamentos que eles criarão quando adultos, há uma chance de que eles estejam envolvidos em relacionamentos em que ou são os abusadores ou os abusados.

O professor Michael J. MacKenzie (autor de *Spanking and Child Development Across the First Decade of Life*) fez um

estudo em 2013 sobre a relação entre palmadas e o desenvolvimento infantil ao longo da primeira década de vida, e concluiu que os impactos vão além do que conhecemos, como ensinar aos nossos filhos que usar a violência é uma forma de resolver problemas. Os impactos foram detectados também em forma de atrasos em desenvolvimento cognitivo e na fala. Saber disso é importante para entender que, por mais que os adultos que receberam punições físicas em suas infâncias pensem que passaram incólumes por isso, a agressão sempre deixa marcas.

Eu nunca apanhei, então talvez seja por isso que eu nunca senti a necessidade de bater nos meus filhos, mas ainda assim, reconheço como quebrar esse ciclo de violência é difícil, e eu vejo isso em cada pai e mãe que conversa comigo, como a mãe de uma reunião do meu grupo de apoio. Ela pediu ajuda à roda de pais, pois estava desesperada por tentar absolutamente tudo com a filha e não conseguir resultados. Ela já havia tentado castigos, punições, recompensas e palmadas, tentando resolver os problemas de comportamento da filha de 6 anos.

No dia anterior ao encontro, a filha teve um acesso de frustração na hora da janta. Ela queria comer uvas-passas, mas, por ser a hora de jantar, a mãe colocou apenas algumas passas em um pequeno pote. A filha explodiu em raiva e bateu nos potes, derrubando tudo no chão.

A mãe se desesperou por não ter mais o que fazer e decidiu mandar a filha para o quarto dela. Em seguida, a mãe foi para o próprio quarto, para respirar e pensar, mas ela não conseguiu fazer muito além de chorar e, quando abriu a porta, decidiu fazer algo que nunca havia pensado.

Ela foi até o quarto da filha e, chegando lá, deu um longo abraço na menina. Disse que entendia que a filha estava triste por não comer todas as passas que ela desejava.

Ela abraçou a filha novamente. Choraram juntas. A mãe acolheu a filha. A filha acolheu a mãe.

Elas conversaram depois disso, e a mãe pediu ajuda à filha, para que ela tentasse ouvir mais o que a mãe tinha a dizer, e que também cooperasse mais. A partir desse dia, as coisas começaram a ser bem diferentes com aquela família.

Na maioria das vezes que você pensar que seu filho merece uma palmada, tente dar um abraço nele primeiro. Depois, converse e acolha os sentimentos do seu filho. Garanto que você terá respostas muito mais eficientes a longo prazo.

MUDAR

TUDO O QUE VOCÊ LEU NESSA PARTE SÃO PRÁTICAS MUITO DIFUNDIDAS NA SOCIEDADE, QUE EU COSTUMO EVITAR, PRINCIPALMENTE PORQUE SEI QUE ELAS MAIS AFASTAM DO QUE FORTALECEM OS VÍNCULOS QUE ESTOU CONSTRUINDO COM OS MEUS FILHOS.

Eu tive o privilégio de conhecer tudo isso quando o Dante ainda era um pequeno bebê, então tive tempo para desconstruir muitos conceitos que eu tinha como absolutos na minha cabeça, simplesmente porque foi assim que aconteceu comigo, quando eu era criança. Eu sempre pensei que os filhos devem respeitar os pais acima de tudo, mesmo que por medo, e pude repensar essa relação baseada no medo para cultivar uma relação baseada no afeto.

Mas nem todo mundo tem essa chance, como o pai que, após uma palestra minha, veio me procurar muito triste. Ele estava muito ressentido com o fato de ter descoberto tudo isso com a chegada do segundo filho. Seu filho mais velho, que já tinha 5 anos, havia passado por toda a criação tradicional que ele conhecia como "a única maneira de criar filhos".

Ele estava devastado com a ideia de que não poderia oferecer isso para o seu filho mais velho, e sentia uma culpa imensa por notar que só o filho mais novo receberia uma criação mais afetiva.

– Você acha que consegue criar o seu filho mais velho de uma forma diferente do que vai criar o seu filho mais novo, daqui para frente?

– Como assim?

– Você vai criar seu filho mais novo pensando no vínculo afetivo, né? Vai dialogar, ao invés de punir. Vai tentar alternativas ao castigo para os desafios de cada dia. Certo?

– Isso!

– E o seu filho mais velho? Você pretende continuar castigando e punindo ele?

– Não, claro que não! Vou tentar fazer a mesma coisa com ele.

– Exatamente, então o seu filho mais velho também vai se beneficiar da mudança que você está promovendo. Ele também vai sentir a diferença de uma criação mais afetiva e respeitosa a partir de agora, e isso é muita coisa.

Ganhei um abraço apertado e aquele pai foi embora, com o coração mais aliviado da culpa que sentia. Nós costumamos esquecer que nós mesmos não somos a mesma pessoa ao longo da vida, e se buscamos melhorar – em comparação a nós mesmos – quem está ao nosso redor também será beneficiado por essas mudanças, principalmente os nossos filhos.

A mudança pode não ser percebida imediatamente, porque, às vezes, alguns reparos na relação e no vínculo precisam ser feitos, mas é evidente que qualquer ser humano apreciará ser tratado com respeito e dignidade.

Se você está passando por esse processo, tenha certeza de que o simples fato de você ler este livro já significa muito para os seus filhos.

PARTE 4

A VIDA REAL

QUANDO O DANTE AINDA TINHA 2 ANOS E O GAEL ERA UM BEBEZINHO, FOMOS A UM HOTEL-FAZENDA COM DOIS CASAIS DE AMIGOS NOSSOS, TODOS COM FILHOS PEQUENOS DE ATÉ 3 ANOS DE IDADE. A NOSSA EXPECTATIVA ERA CURTIR UM FIM DE SEMANA NO HOTEL-FAZENDA E, COMO TODOS ÉRAMOS AMIGOS COM FILHOS, PODERÍAMOS NOS AJUDAR A CUIDAR DOS FILHOS DE TODOS, PARA QUE TODO MUNDO PUDESSE APROVEITAR A VIAGEM.

Eu estava com o bebê de um amigo no meu colo enquanto olhava o Dante, quando ele decidiu sair correndo pelo hotel, em direção à porteira da rua. Eu não podia correr, porque tinha um bebê no colo, então tentava, a passos largos, alcançar o Dante, falando para ele parar e, obviamente, ele não me ouvia, como a maioria das crianças de 2 anos.

Eu ainda lembro de como eu me sentia julgado pelos olhares silenciosos dos hóspedes daquele hotel, que assistiam a um pai perseguindo seu filho sem sucesso. Por mais que eu tentasse me desligar desse julgamento, era impossível não pensar em como todo mundo imaginava que eu era um péssimo pai.

Para piorar a situação, eu ainda estava apavorado de não conseguir alcançar o Dante antes de ele chegar ao portão e ir para a estrada. Que sensação desesperadora.

Mas, felizmente, consegui alcançar o Dante no meio do caminho e, assim que coloquei a mão nele, comecei a brigar e brigar e brigar. Eu dizia que ele tinha que me ouvir, que era perigoso, que ele tinha que parar e muito mais. Enquanto isso, o Dante chorava muito, provavelmente assustado e com medo da minha reação.

O fato é que essa foi a primeira vez que eu perdi o controle de verdade com o Dante. Mal sabia eu de tantas outras vezes que eu ainda perderia o controle com ele. Mas, ainda assim, eu lembro de ter ficado "de mal" com ele, desconectado, e não quis mais interagir muito com ele no resto daquele dia. Pedi para a Anne assumir os cuidados com o Dante no resto do dia, enquanto eu focava só no Gael, para que eu não perdesse o controle novamente com o Dante.

No dia seguinte, o Dante me acordou e, enquanto nos arrumávamos para sair do quarto, sentados na beira da cama, ele me disse:

– Papai, Dante correu, papai ficou bravo e Dante ficou triste.

Percebi que eu não queria falar sobre aquilo porque, apesar de não estar mais com raiva, eu estava, na verdade, com vergonha do que tinha feito. Por outro lado, senti que era o momento ideal para nos reconciliarmos.

– Sim, filho, desculpa que o Dante ficou triste. O papai fica muito bravo quando Dante não para, porque é perigoso correr assim.

– Papai ficou bravo?

– Fiquei, filho. Vamos fazer um combinado? Sempre que o papai falar para você parar, você para, tá bom?

Ele concordou e nos abraçamos. Um abraço daqueles que cura qualquer ferida. Aquele abraço de encher os olhos de lágrimas e aquecer qualquer coração.

Eu sei que aquela talvez tenha sido a primeira vez que eu reconheci para o Dante – e para mim mesmo – que eu sou humano. Que eu erro. Que eu não sou perfeito. E talvez essa seja a lição mais importante que eu tenha para ensinar aos meus filhos.

Até essa altura do livro, viemos conversando sobre como eu aprendi que o afeto era algo importante para a relação que eu desejo construir com os meus filhos. Uma das maneiras mais poderosas de construir esse vínculo é através da empatia, quando nos colocamos no lugar dos nossos filhos e tentamos entender melhor o mundo deles, suas necessidades e sentimentos. Mas o que não é tão claro é que a empatia não é algo que você tem ou pratica deliberadamente. É algo que você só oferece se você está bem, no melhor estilo "só pode dar aquilo que você tem".

GRITO

Cada pai e mãe sabe onde o seu calo aperta. Todo mundo conhece muito bem seus pontos fracos e o meu, definitivamente, é o grito. Sempre foi.

    Eu sempre tive todas as justificativas do mundo para os meus gritos, que aconteciam algumas vezes na semana. Talvez eu estivesse dormindo pouquíssimas horas, ou havia alguma preocupação financeira no momento, ou até poderia ser que o meu trabalho formal estivesse particularmente mais turbulento em um dado momento, e cada uma dessas possibilidades se combinavam de uma maneira muito perigosa com algum momento mais desafiador dos meus meninos.

    Essa era a fórmula perfeita para o grito acontecer e, por mais que eu sempre tivesse todas as justificativas para o grito ter saído da minha boca, era impossível que eu não me sentisse engolido pela culpa todas as vezes em que eu gritei – e grito. Eu sempre tentei calar a culpa dizendo a mim mesmo o quanto eu estava me sentindo cansado, estressado ou provocado, e isso funcionava parcialmente, porque outra parte de mim sabia que, na verdade, quem precisava do grito era eu, não os meus filhos.

    Há quem diga, inclusive, que quando gritamos com os nossos filhos como nossos pais gritavam conosco, estamos inconscientemente buscando o amor e aprovação deles por fazer as mesmas coisas enquanto pais.

Mas como equilibrar a autocompaixão com os cuidados possíveis que dou aos meus filhos? Essa é uma pergunta que ainda me persegue, mas eu descobri que o primeiro passo é assumir que eu grito porque eu preciso gritar, e não porque os meus filhos merecem, independentemente do que eles façam. Se eu olhar para mim mesmo, consigo concluir facilmente que não mereço que ninguém grite comigo, portanto, a mesma regra deveria ser aplicada para os meus filhos.

A partir daí, comecei a me observar mais, para tentar agir antes que o grito saísse da minha boca. Comecei a perceber que, normalmente, antes de eu gritar, os meus filhos davam sinais de que eu precisaria tomar alguma ação com eles de uma maneira mais preventiva, como no dia em que o Gael ganhou um boneco novo.

O Gael estava apaixonado pelo boneco novo e fazia tudo com ele, até dormir junto. No dia seguinte, enquanto eu preparava tudo para levá-los para a escola, ouvi de longe uma discussão: era o Dante tentando pegar o boneco do Gael. Como eu estava muito atarefado arrumando as mochilas deles, deixei passar a oportunidade de ajudá-los a mediar esse conflito.

O que aconteceu? Ao ouvir o Dante gritando e o Gael chorando, cheguei furioso na sala e só deu tempo de gritar com eles para separar a briga. Como resultado, os dois começaram a chorar e, no caminho para a escola, pedi desculpa aos dois, dizendo que todos nós erramos e eu, principalmente, porque perdi o controle.

Por mais que situações assim tenham o seu lado positivo porque mostram aos nossos filhos que nós somos falhos e, portanto, humanos, é inegável que eu poderia ter evitado essa situação se eu tivesse intervindo logo no início. Eu poderia até me atrasar um pouco para deixá-los na escola, mas me atrasaria menos do que se eu gritasse e causasse um rebuliço.

Dias depois, a mesma situação aconteceu e, como eu já havia aprendido a minha lição, larguei tudo para mediar a conversa. O resultado foi muito melhor, eu não gritei e ninguém mais chorou.

Além de tentar agir antes de explodir em gritos, eu também observo a frequência com que eu grito com os meus filhos. Minha meta sempre será a de dar zero gritos, mas essa meta é inalcançável quando você é um ser humano. Então, se eu percebo que estou gritando várias vezes ao longo da semana, paro e analiso a situação porque, quase sempre, isso está vinculado a expectativas muito altas, seja sobre os meus filhos ou sobre mim mesmo.

Durante um tempo, quando o Dante era filho único, eu e a Anne tínhamos um combinado de que ele não veria TV de jeito nenhum. Isso funcionou bem até uma fase em que ele começou a dormir muito tarde e acordar muito cedo. Em resumo, ele acordava em pleno fim de semana às 6 da manhã e eu não tinha ânimo nenhum para brincar, ser lúdico e muito menos empático. Como resultado, eu brigava muito com ele e aquelas primeiras horas da manhã já eram muito ruins, tanto para mim como para ele.

São momentos como esse que nos fazem pensar sobre as bandeiras que carregamos, pois naquela fase, vetar a TV, na nossa família, estava sendo mais negativo do que positivo. Então, decidimos que eu deixaria o Dante assistir a dois desenhos quando acordasse, para que eu também tivesse um tempinho para acordar, tomar muitas xícaras de café, checar minhas mídias sociais e estar pronto para ser o pai que ele merecia ter.

Mesmo assim, com todas essas reflexões, eu ainda grito com os meus filhos. É algo que eu preciso observar constantemente, e saber que todas as alternativas empáticas e respeitosas que eu escrevo neste livro são as melhores ferramentas que eu tenho para manter o nível de gritos o menor possível.

E nessa observação constante, eu passei a incluir os meus filhos para verificar também qual é a percepção deles em relação aos meus gritos. Tem sido uma forma maravilhosa de falar sobre os meus erros e não transformar isso num problema varrido para debaixo do tapete.

– Dante, o papai está tentando se controlar mais. Você percebeu que eu tenho gritado quase nada?

– Sim, papai. Eu gosto quando você não grita. Eu não quero ficar perto de quem grita comigo.

Pode parecer besteira, mas quando o seu filho, com 4 anos de idade, diz isso para você com tamanha clareza e sem medo de mostrar o que sente, para mim, é um dos maiores indicativos de que eu estou no caminho que eu quero estar na paternidade.

OS MEDOS d. FUTURO

Eu sempre recebo muitos e-mails e comentários de pais e mães perguntando a mesma coisa:

"Mas se eu criar os meus filhos dessa maneira, com respeito e afeto, eles não vão sofrer mais no mundo cruel?"

Eu também já pensei assim, que criando filhos com empatia os faria mais frágeis para um mundo que, teoricamente, só beneficia o mais forte. Mas o que significa exatamente ser mais forte?

Como não vivemos em uma selva – literalmente – os meus filhos não precisam ser fortes fisicamente, mas sim emocionalmente. E quando pensamos em resistência emocional, normalmente pensamos em pessoas fechadas e com inúmeras muralhas emocionais de proteção. Se o meu mundo vai fazer os meus filhos sofrerem, por que eu deveria fazer o mesmo com eles? Como isso faria deles pessoas mais fortes?

Por incrível que pareça, essas pessoas são as mais frágeis emocionalmente, porque protegem com unhas e dentes aquilo com que não sabem lidar: elas mesmas. E, nesse processo, elas perdem muitas oportunidades de entrar em contato com quem elas são de verdade – ou de mostrar isso ao mundo.

É por isso que eu, você, todos nós acabamos nos escondendo atrás de máscaras, porque temos medo. E só temos medo porque não conseguimos lidar com os sentimentos que estão dentro de nós.

Quando eu falo para os meus filhos que eles podem chorar sempre que precisarem, eu não estou tornando-os pessoas fracas que serão "engolidas" nesse mundo vil e cruel. Muito pelo contrário, estou fortalecendo-os, dando ferramentas a eles para entender o que eles estão sentindo e como podem reagir ao que acontece com eles.

Se eu consigo me tornar um porto seguro para os meus filhos, essa referência de vínculo que eles têm será o porto seguro deles mesmo quando não estivermos próximos fisicamente. Eles buscarão essa referência mentalmente e sentirão a segurança de que precisam.

Se esse vínculo é forte o bastante entre mim e os meus filhos, então eles sempre terão abertura para falar comigo sobre as suas dificuldades na vida, seja quando alguém zomba deles na escola, ou qualquer outro desafio, como aconteceu na primeira vez que o Dante levou um boneco para a escola.

Você deve lembrar que o Dante e o Gael ganharam bonecos bebê, não? Eles estavam tão empolgados com a ideia de que tinham filhos para cuidar que decidiram levá-los para a escola e, por mais que a escola que eles frequentam seja uma escola que apoia várias coisas bacanas, como a ideia de que meninos e meninas podem brincar de qualquer coisa, isso não garante que a reação dos colegas de turma seja igual.

Lembro muito bem de ter conversado com a Anne sobre a vontade dos meninos levarem seus bebês para a escola. Nós sentíamos muita culpa pelo que poderia acontecer, principalmente com o Dante, em termos de zombaria por parte dos colegas. Era uma sensação esquisita, porque por mais que nós acreditássemos que eles tinham que ser livres para brincar com o que quisessem, também sentíamos que estávamos jogando os nossos filhos na boca do leão.

O Gael, que tinha 2 anos, levou o filho sem problemas. Todos na turma gostaram e ajudaram a cuidar do filho. Porém, o Dante, com 4 anos, já frequentava uma turma com crianças maiores, e seus melhores amigos riram dele, pois acreditavam que "boneca é para meninas".

O Dante chegou em casa meio emburrado e, quando conversei com ele, contou que seus melhores amigos haviam zombado dele e, portanto, ele não queria mais levar o filho para a escola.

– Puxa, filho, que chato isso. Você deve ter sentido muita tristeza, né?

– Não, papai. Eu senti muita raiva, senti minha cabeça pegando fogo.

– Caramba, quanta raiva você sentiu! Mas você concorda com eles? Você acha que só meninas podem brincar com bonecas?

– Não.

– Pois é, eu também. Eu acho que se você brincar com boneca você está treinando para ser um papai muito legal.

– É mesmo!

– Sim, e acho que os seus amigos têm umas ideias muito diferentes das nossas. É normal, as pessoas pensam diferente. Mas o que importa mesmo é o que você pensa disso.

– Tá bem, papai!

Quando conversamos com os nossos filhos abertamente sobre os seus sentimentos, ao invés de silenciá-los, estamos fortalecendo-os para enfrentar as dificuldades do mundo. E a maior prova disso é observando como os meus filhos se comportam, e como o Dante teve coragem para levar seu filho novamente para a escola, dias depois, para mostrar aos amigos que brinquedos são para crianças brincarem, sejam elas meninos ou meninas.

E, para todas as vezes que eu ainda sinto uma ponta de dúvida sobre isso tudo, eu lembro da minha própria criação. Crescer ouvindo que eu não devia chorar, que eu devia ser forte, que eu não podia deixar ninguém mexer comigo sem revidar, não me fez ser exatamente uma pessoa forte. Ao contrário, tudo isso fez com que eu guardasse muitos ressentimentos e inseguranças dentro de mim.

Ainda bem que tudo isso que eu faço com os meus filhos também me cura. Hoje, eu finalmente sinto que sou mais forte para lidar com esse mundo feroz que tem aí fora.

OLHANDO para NÓS MESMOS

ASSIM COMO EM NOSSAS VIDAS REAIS, DEIXAMOS PARA OLHAR PARA NÓS MESMOS SÓ EM ÚLTIMO CASO, E ESSE É UM DOS MOTIVOS QUE ME FIZERAM DEIXAR ESTE CAPÍTULO COMO O ÚLTIMO DO LIVRO. O OUTRO MOTIVO É QUE, SENDO O ÚLTIMO CAPÍTULO, EU QUERO QUE SEJA O QUE MAIS FIQUE MARCADO NA SUA LEMBRANÇA, DE TÃO IMPORTANTE QUE É.

A primeira coisa que precisamos admitir para nós mesmos é que só conseguimos oferecer aquilo que temos. Então, se o nosso reservatório emocional está baixo, é impossível oferecer empatia para os nossos filhos. É como quando você está em um avião e orientam você sobre o que fazer em casos de emergência: se houver despressurização, máscaras de oxigênio cairão do teto e você precisa colocar a máscara primeiro em você para então colocar nos seus filhos.

Se na maioria das vezes que os nossos filhos fizerem algo que nos tire do sério lembrarmos das máscaras de oxigênio, pode ser mais fácil recordar que precisamos respirar primeiro, entrar em contato com os nossos sentimentos, reconquistar o autocontrole das nossas emoções para, então, conversarmos com os nossos filhos.

Isso pode significar falar para os nossos filhos que não podemos conversar com eles naquele momento, porque estamos muito furiosos. Ou pode até significar que iremos nos trancar no quarto ou banheiro para respirar, gritar, chorar, e qualquer outra coisa que nos faça ganhar consciência novamente.

Essas atitudes são grandes ensinamentos para os nossos filhos, que verão seus pais respeitando a si mesmos, e aprenderão o que é respeito próprio na prática. Falar para os nossos filhos que não estamos em condições de conversar com eles em um dado momento não é uma punição, porque não queremos fazer com que se sintam mal por causa do ocorrido, mas é uma reação genuína de que precisamos olhar para nós primeiro.

Eu faço isso com os meus filhos sempre que me lembro. E eles, hoje, também fazem o mesmo. Até o Gael, com 2 anos, se está muito bravo com alguma coisa, corre para algum cantinho, com os braços cruzados, cara emburrada e respiração funda. A diferença é que ele não faz isso porque eu mandei ele para lá, mas porque ele sentiu essa necessidade.

Além disso, eu e a Anne sempre tentamos conversar sobre como estamos nos sentindo em relação a nós mesmos e em relação aos nossos filhos. Como se fizéssemos um *check-up* dos nossos sentimentos, e são essas as conversas que nos fortalecem para os desafios do dia a dia, encontrando apoio um no outro para as nossas dificuldades, mesmo que seja um simples desabafo.

Mesmo pensando nisso tudo, a verdadeira mudança que eu tive em relação a como eu cuidava de mim mesmo e, por consequência, da minha família, só veio recentemente: a terapia.

Há alguns anos, eu realmente achava que terapia era só para quem tinha problemas mentais e eu, obviamente, no topo da minha arrogância, imaginava que nunca precisaria disso. Só depois de ter filhos que eu comecei a desfazer esse preconceito, mas, mesmo entendendo que todo mundo poderia se beneficiar de terapia, eu ainda assim não fazia.

Eu tinha todas as desculpas possíveis, desde falta de dinheiro até falta de tempo, e as coisas permaneceram dessa maneira até eu entender que, na verdade, eu não estava me priorizando. Eu não queria cuidar de mim por diversos motivos e, talvez, porque lá dentro eu sabia que olhar para o passado com o auxílio de uma terapeuta poderia ser um processo muito doloroso.

Só então, anos depois de ter filhos, eu me priorizei. Comecei a fazer terapia e percebi que, ao cuidar de mim, eu cuidava da minha família também. Porque todo mundo se beneficiava do Thiago que estava mais presente e consciente dos seus processos e sentimentos. Isso me ajudou imensamente a ter mais compaixão por mim mesmo e a manter o equilíbrio nas situações mais complicadas que envolviam os meus filhos.

Se existe algo que, depois das transformações que a paternidade me trouxe, provocou mudanças imensas em mim, foi, definitivamente, a terapia.

Então, mesmo que você esqueça todas as palavras que estão neste livro, lembre-se apenas destas: procure ajuda. Seja com amigos, parceiros, familiares ou, principalmente, com profissionais.

A transformação só acontece quando nós buscamos por ela. A porta só abre por dentro.

EPÍLOGO

QUANDO MEU PAI ME ESCREVEU, EU NÃO SEI DESCREVER BEM O QUE EU SENTI. FOI UM MISTO DE EUFORIA COM MEDO. EU FUI JOGADO INSTANTANEAMENTE ÀQUELE PASSADO, 16 ANOS ATRÁS, EM UM RETORNO ÀQUELA ANGÚSTIA QUE FOI PLANTADA NA MINHA CABEÇA DE QUE O MEU PAI NÃO PODERIA DESCOBRIR QUEM EU ERA E ONDE EU MORAVA.

Eu fiquei paralisado. Não sabia se aquilo era bom ou ruim e resolvi recorrer à Anne. Mostrei para ela o comentário e ela chorou. Muito. Chorou por ela e por mim, que não consegui derramar uma lágrima por tanta confusão de sentimentos que existia dentro de mim.

Ainda assim, decidi: eu queria reencontrar o meu pai. Entender melhor o meu passado, encontrar as peças que estavam faltando no meu quebra-cabeça. Reconstruir a nossa relação. Ser abraçado.

Respondi àquele comentário do post.

"Acho que sim, pai."

Marcamos num café de um shopping para conversar, só eu e ele. Eu dizia à Anne que eu estava tranquilo, que seria legal, mas por dentro eu estava aterrorizado.

Cheguei no café, sentei e esperei. O coração estava acelerado e a ansiedade estava batendo forte. Como será que o meu pai estava? Será que eu conseguiria reconhecê-lo? Será que ele me reconheceria?

Ele chegou e imediatamente o reconheci. Meu pai estava lá, na minha frente, completamente diferente do que eu lembrava e imaginava. Com muitos quilos a mais, menos cabelos na cabeça, praticamente todos brancos. Sem o seu bigode característico e com marcas no rosto que me diziam que esses anos todos tinham sido bem pesados para ele.

E, lá, eu recebi o abraço que me faltou por 18 anos.

Meu coração já não tinha mais medo, e para ser bem sincero, ainda desconheço as razões para esse medo existir. Conversamos a tarde inteira e, pela primeira vez em anos, eu pude ser empático com o meu pai, porque estávamos no mesmo barco da paternidade.

Pude ouvir dele e sentir como deve ser devastador você voltar para casa do seu trabalho e encontrar a casa completamente vazia, sem móveis, sem esposa e sem filhos. Dá um nó na garganta só de pensar nisso, independentemente dos motivos que tenham causado essa situação.

Já nessa primeira conversa, consegui encontrar mais algumas peças do meu quebra-cabeça. Ele me ajudou muito a entender a história sob uma nova perspectiva, e soube o que ele havia feito ao longo dos últimos 18 anos. Sei que ele sofreu bastante com esse afastamento – quem não sofreria?

Conversamos até anoitecer, nos abraçamos de novo. Choramos mais um pouco.

Abrace seu filho.

Não perca nenhuma oportunidade de abraçar o seu filho.

Abrace seu filho.